LE MASCULIN

· ·

Catalogage avant publication de Bibliothèque et Archives nationales du Québec et Bibliothèque et Archives Canada

Hazan, Marie

    Le masculin: psychanalyse des représentations des hommes au Québec

        (Collection Psychologie)

        ISBN 978-2-7640-1394-6

        1. Masculinité. 2. Hommes – Identité. 3. Hommes – Psychologie. 4. Hommes – Québec (Province) – Entretiens. I. Titre. II. Collection: Collection Psychologie (Éditions Quebecor).

BF692.5.H39 2010   155.3'32   C2009-942502-5

Dépôt légal: 2010
Bibliothèque et Archives nationales du Québec

Pour en savoir davantage sur nos publications, visitez notre site: www.quebecoreditions.com

Éditeur: Jacques Simard
Conception de la couverture: Bernard Langlois
Illustration de la couverture: Corbis
Conception graphique: Sandra Laforest
Infographie: Claude Bergeron

Imprimé au Canada

DISTRIBUTEURS EXCLUSIFS:

• Pour le Canada et les États-Unis:
MESSAGERIES ADP*
2315, rue de la Province
Longueuil, Québec J4G 1G4
Tél.: (450) 640-1237
Télécopieur: (450) 674-6237
* une division du Groupe Sogides inc.,
filiale du Groupe Livre Quebecor Média inc.

• Pour la France et les autres pays:
INTERFORUM editis
Immeuble Paryseine, 3, Allée de la Seine
94854 Ivry CEDEX
Tél.: 33 (0) 4 49 59 11 56/91
Télécopieur: 33 (0) 1 49 59 11 33

Service commande France Métropolitaine
Tél.: 33 (0) 2 38 32 71 00
Télécopieur: 33 (0) 2 38 32 71 28
Internet: www.interforum.fr

Service commandes Export – DOM-TOM
Télécopieur: 33 (0) 2 38 32 78 86
Internet: www.interforum.fr
Courriel: cdes-export@interforum.fr

• Pour la Suisse:
INTERFORUM editis SUISSE
Case postale 69 – CH 1701 Fribourg – Suisse
Tél.: 41 (0) 26 460 80 60
Télécopieur: 41 (0) 26 460 80 68
Internet: www.interforumsuisse.ch
Courriel: office@interforumsuisse.ch

Distributeur: OLF S.A.
ZI. 3, Corminboeuf
Case postale 1061 – CH 1701 Fribourg – Suisse

Commandes: Tél.: 41 (0) 26 467 53 33
Télécopieur: 41 (0) 26 467 54 66
Internet: www.olf.ch
Courriel: information@olf.ch

• Pour la Belgique et le Luxembourg:
INTERFORUM BENELUX S.A.
Fond Jean-Pâques, 6
B-1348 Louvain-La-Neuve
Tél.: 00 32 10 42 03 20
Télécopieur: 00 32 10 41 20 24

Gouvernement du Québec – Programme de crédit d'impôt pour l'édition de livres – Gestion SODEC.

L'Éditeur bénéficie du soutien de la Société de développement des entreprises culturelles du Québec pour son programme d'édition.

Nous reconnaissons l'aide financière du gouvernement du Canada par l'entremise du Programme d'aide au développement de l'industrie de l'édition (PADIÉ) pour nos activités d'édition.

Marie Hazan, Ph. D.
Psychologue et psychanalyste

LE MASCULIN

Psychanalyse des représentations
des hommes au Québec

LES ÉDITIONS
Quebecor
Une compagnie de Quebecor Media

À Claude, Emmanuel et Alexandre.

*Je remercie Annik Houel
pour sa lecture attentive et amicale
du manuscrit, ainsi que tous ceux qui ont
écouté et relancé mes questions lancinantes.*

Les hommes d'aujourd'hui, des hommes nouveaux? Un masculin singulier

Préambule

Cinquante ans après la mort de Maurice Duplessis et la période de la grande noirceur (1944-1959) ainsi qu'à la suite de l'urbanisation et de l'industrialisation commencées préalablement et qui transforment profondément la société québécoise, c'est la révolution tranquille. Elle se caractérise par l'émergence du mouvement nationaliste québécois, qui culmine avec l'élection du Parti québécois avec René Lévesque à sa tête et la mise en place de l'État providence avec l'établissement d'un système scolaire centralisé et de structures pour la santé et les services sociaux. Avec cette prise de contrôle de l'État, la mise à l'écart du clergé dans les domaines de la santé et de l'éducation ainsi que la perte de l'influence de l'Église dans la vie familiale, sonnent les changements dans les mœurs et la sociabilité et annoncent les années 1970 et les mouvements qui y sont associés.

Presque partout dans le monde, le *peace and love*, la révolution sexuelle, le mouvement pacifiste aux États-Unis (entre autres, contre la guerre du Vietnam), le mouvement de libération des femmes et celui des gais et lesbiennes, les idées libertaires et antiautoritaires de l'époque se cristallisent, suscitant des modifications profondes dans les rapports entre les hommes et les femmes ainsi que dans les relations familiales. Les femmes ont plus de droits et investissent les domaines qui leur étaient fermés, dans la vie sociale et au travail. Elles se rebellent et changent leur manière de vivre les relations avec les hommes.

Au Québec, le nouveau droit de la famille entérine ces mutations en 1981, en instaurant l'autorité parentale, par exemple, en lieu et place de la puissance paternelle. Les femmes réclament l'équité salariale qui progresse, sans être encore tout à fait acquise, gardent leur nom au moment du mariage ; les enfants peuvent aussi prendre le nom d'un des parents ou des deux. Le monde a changé de base ; dans les sphères privées et sociales, les rapports ne sont plus les mêmes. Le patriarcat semble ébranlé.

Les hommes ont-ils perdu quelque chose dans la bataille ? Sûrement ! Ils doivent maintenant partager pouvoir et autorité, mais ils ont gagné autre chose. Ils prennent désormais part dans les responsabilités et les plaisirs de la famille ; encore faudrait-il que l'adaptation se fasse à ces nouveaux critères de vie. Auraient-ils le mauvais rôle pour un temps ?

Les questions se déplacent et ce qui paraissait évident, il y a seulement dix ans, l'est un peu moins aujourd'hui. Dans les années 1980, plus qu'ailleurs, des hommes au Québec revendiquent une parole propre ; c'est à leur tour d'être dans une quête identitaire. Ils accusent les femmes et se plaignent d'elles, ils semblent souffrants. Cette position semble plus spécifique au Québec. De l'autre côté de l'Atlantique, le monde patriarcal d'antan est un peu secoué, mais l'ancien modèle, malgré les apparences, demeure solidement ancré. Les questions sur la condition masculine laissent un peu interloqués les Européens ou, du moins, les Français.

La problématique du masculin, qui surgit à la fin des années 1980, m'a intriguée, d'autant plus que, mère de deux petits garçons, la question de la construction de l'identité masculine, dans ces temps nouveaux, ne pouvait que m'interpeller.

Réflexion faite, les idées ne semblent pas claires sur ce sujet complexe. Qu'est-ce que la condition masculine ? Est-il vrai que le monde a tellement changé ? Que les femmes ont gagné le pouvoir et dominent les hommes ? Je me suis rendu compte que des idées contradictoires coexistent en chacun.

- Les femmes sont battues et violées, elles gagnent moins d'argent. Les hommes dominent plusieurs sphères de la société, à commencer par le domaine politique, mais ils sont dominés et n'arrivent plus à assumer une identité qui les soutienne.
- Le monde a changé ; le patriarcat est toujours aussi fort.
- Les hommes sont-ils machos et phallocrates, ou modernes et égalitaires ?
- Les femmes sont-elles dominées ou égales, voire dominantes ?
- Y a-t-il eu un progrès accompli ou, au contraire, les choses sont-elles restées pareilles, sous la domination masculine ?
- Est-ce que la situation s'est inversée au détriment des hommes ?

Les lieux communs de tout un chacun semblent pris dans ce paradoxe ! Selon le contexte et la situation, les opinions varient en matière d'amour et d'identité sexuelle, de relations entre les hommes et les femmes, d'égalité et de différence des sexes.

Les changements sont-ils établis et irréversibles ? Se peut-il que le balancier ait tourné et que les hommes soient maintenant, sinon victimes, du moins souffrants du lieu de leur identité masculine malmenée et en devenir? Plus que tout, la question du féminin et du masculin semble devenir caduque, impossible à penser. Si on essaie de définir ces notions, les stéréotypes reviennent au galop.

Concernant l'identité sexuelle, un homme est l'amoureux d'une femme (ou d'un homme), le frère d'un garçon ou d'une fille, le fils d'un père et d'une mère. Quant à moi, je suis fille, sœur, amoureuse, épouse, amie et mère dans mes relations avec les hommes; c'est dire que je suis juge et partie dans mon analyse du masculin. Comme tout le monde, ce n'est que du lieu même de mes rapports inconscients avec les personnes de mon sexe et de l'autre que je peux mener cette enquête dans les représentations d'autrefois jusqu'à aujourd'hui.

Comment définir l'identité masculine actuelle? Est-elle déterminée par des schèmes anciens et traditionnels, comme ce serait naturel et attendu? Or, justement, ces thèmes sont trop associés à l'idée de la domination masculine pour être mobilisés et transmis simplement tels quels de père en fils.

L'identité masculine est-elle donc liée à cette domination? Pourrait-on dire, au contraire, que celle-ci est déjà révolue et que de nouveaux modèles sont en cours, que les hommes sont maintenant lésés dans certains droits et leur épanouissement?

Le masculin est lié à la *paternité*; pourtant, il est clair que si celle-ci comporte aujourd'hui des joies indéniables, ses difficultés sont indissociablement liées à celles de l'identité masculine en devenir.

Pour exister, un homme *doit se séparer et se différencier de la mère*. Quelquefois, cela l'amène à rejeter et à exclure les femmes. Toutefois, pour arriver à bien vivre sa virilité, il faudrait qu'il puisse intégrer une part de sa féminité; c'est ce que la psychanalyse appelle la *bisexualité psychique*. Chacun, homme et femme, s'identifie durant ses premières années à ses deux parents. Il a donc en lui des parties masculines et féminines qui coexistent et se complètent, à condition que les parties féminines ne soient pas trop refoulées pour les hommes, ce qui les rendrait alors défensifs et cramponnés à leur virilité menacée.

J'ai voulu faire un livre sur les hommes, les faire parler et les décrire selon leurs points de vue, dans leurs humeurs et leur évolution, leurs travers et leurs attraits. J'ai pris de nombreux exemples dans l'histoire, la mythologie, la littérature et le cinéma pour éclairer le tableau, dans le contexte de la culture et des représentations qui en découlent. Je me suis mise alors en position d'écoute flottante et d'attention bienveillante, comme en psychanalyse, de disponibilité pour accueillir les différentes manifestations du masculin, espérant ainsi éclairer l'identité des hommes d'aujourd'hui par ces diverses figures identificatoires.

Des idées contradictoires circulent et voisinent les idées de chacun et le discours social. Pour clarifier ce paradoxe, je résumerai, sous forme de thèse et d'antithèse, les arguments qui disent, d'une part, que le Québec est la terre où se vit le changement et le monde nouveau, et, d'autre part, ceux qui disent que les hommes sont brimés et victimes des femmes. Le but de l'exercice est de montrer combien les deux arguments paraissent convaincants.

Je déclare d'emblée mon opinion : les deux sont vrais, du moins en partie, d'où la confusion qui règne. J'essaierai donc ici de faire une synthèse de ces thèses.

Thèse[1]

Au Québec, les hommes sont modernes, ouverts et tendres. Leurs relations avec les femmes sont égalitaires et démocratiques. Dans le couple, le partage des tâches et des responsabilités semble bien mieux réparti qu'ailleurs et que dans le passé. Ils assument leur paternité et prennent leurs congés pour dorloter leurs bébés, qu'ils adorent. Les relations seraient bien meilleures qu'en Europe, la situation des femmes plus «avancée» et l'égalité mieux acquise. Les lois sont d'ailleurs novatrices, bien plus démocratiques, en particulier celles sur la famille. L'autorité parentale est, par définition, partagée, le nom est transmis selon le choix des parents: celui du père, de la mère ou les deux accolés dans un sens ou l'autre, et le choix se renouvelle et peut être différent pour les enfants suivants. L'équité salariale n'est pas encore acquise, mais le progrès est net et les lois vont dans ce sens. La vie est belle pour les familles. Hommes et femmes sont heureux et ont des enfants, pas beaucoup, bien moins qu'auparavant, mais plus que dans les dernières décennies, grâce à un petit *baby-boom* récent mais confirmé. Les divorces et les séparations, bien que nombreux, se passent généralement sans trop de mal – les gens heureux n'ont pas d'histoire – et on n'a jamais vu les hommes autant impliqués auprès de leurs enfants et de leur conjointe.

Les hommes ont changé. Ils ne sont plus machos ni dominateurs, ils sont devenus politiquement corrects, ils aident aux travaux ménagers, même si les femmes en font plus. Ils s'occupent de leur apparence et de leur personne, ils pleurent même. Ils ne

---

1. J'ai utilisé l'ancienne méthode de la dissertation en classe de philosophie qui, même si elle paraît un peu désuète, rend bien compte du clivage de ces deux approches du problème qui coexistent sans trop se gêner. Dans ce sens, la thèse, l'antithèse et la synthèse me semblent bien utiles pour aborder le problème du masculin.

draguent plus et se laissent aborder par les femmes. Ils partagent les décisions et le travail ménager.

Sont-ils roses, comme on disait? En tout cas, ils sont plus en syntonie avec leur sensibilité et, disons-le, leur féminité, ce qui les rend bien moins clivés et coupés de leurs sentiments. Ils sont plus disponibles et bien plus en interaction avec les femmes et les hommes.

Ce sont des précurseurs et les hommes, d'Europe et d'ailleurs, sont en train de leur emboîter le pas pour la venue d'un monde nouveau.

Antithèse

Cette image idyllique, même si elle est en grande partie vraie, contraste avec une autre qui s'impose subrepticement et de plus en plus, depuis une vingtaine d'années. Elle brosse un tableau différent et tout aussi spécifique du Québec.

Une autre voix dit que les hommes d'ici sont soumis. Ils veulent tuer leur mère[2] qui est trop envahissante et sont en quête d'un père dit absent qui ne leur donne pas une bonne et belle image masculine à laquelle s'identifier.

Politiquement corrects ou victimes de leur bonté? Auraient-ils des difficultés avec leur agressivité qui, refoulée, les rendrait un peu amers et vindicatifs sous le vernis de la gentillesse et d'une pseudo-soumission? L'idée est très répandue que les femmes les dominent, qu'elles prennent toute la place, qu'elles sont des «Germaine» et

---

2. Xavier Dolan, dans son film très touchant et intéressant *J'ai tué ma mère*, joue, à 20 ans, plus ou moins son propre rôle. Il développe la problématique d'un garçon élevé par sa mère et qui essaie de s'en détacher, à grand-peine. Il a remporté trois prix au Festival de Cannes en mai 2009.

qu'ils n'ont qu'à bien se tenir. Ils ont des problèmes d'identité et d'image.

Effet du féminisme des années 1970 ou tradition plus ancienne d'un certain matriarcat québécois? Les avis sont partagés mais convergents. Si, d'un côté, la rumeur dit que le féminisme est «coupable» de ce retournement de situation, l'idée que la domination des hommes par les femmes vient de plus loin s'impose. Toujours selon cette représentation qui paraît simpliste mais extrêmement répandue, les hommes étaient autrefois dans les bois, longtemps absents, les femmes géraient la famille nombreuse et avaient tous les pouvoirs du maternel et du féminin. Le Québec, c'est le règne du matriarcat depuis longtemps, dit-on, bien avant le féminisme. Essayez de soutenir que les femmes étaient accablées par les maternités très nombreuses et n'avaient *aucun* pouvoir politique, financier ou social, les arguments ne portent pas. La conviction est profonde, pour plusieurs, qu'il en est bel et bien ainsi: c'est le matriarcat et non le patriarcat au Québec, du moins dans la sphère familiale.

Selon cette thèse, pour s'en convaincre, il suffit de voir les représentations du masculin et du paternel dans les séries et les films québécois. Le père y est sans pouvoir, il ne tente pas de s'imposer, car les hommes sont passifs et soumis.

Malgré son aspect paradoxal, cet argument, du fait qu'il emporte l'adhésion de tous, est troublant. Il se manifeste aussi dans la solidarité spontanée des hommes entre eux, qui pensent qu'ils n'ont pas le bon bout du bâton. Ils en sont tellement convaincus qu'ils doivent avoir leurs raisons. Il reste à trouver lesquelles, comment les comprendre et, éventuellement, les nuancer.

Les domaines où le masculin serait en difficulté s'affirment de manière insistante dans les médias. Ils sont de trois ordres: les problèmes scolaires des garçons, les réclamations des pères en matière de garde d'enfants et le haut taux de suicide au Québec, un des plus élevés chez l'homme blanc dans les pays occidentaux.

Nous verrons que ces arguments, qui semblent décisifs, sont plus alarmistes qu'alarmants et qu'ils peuvent être nuancés ; la situation est bien plus complexe qu'elle n'est présentée par ce tableau plutôt pessimiste.

Synthèse

Au Québec, les hommes d'aujourd'hui sont pris entre deux scénarios : d'une part, entre la modernité et l'égalité et, d'autre part, l'affirmation d'une identité liée à la domination tantôt de l'un, tantôt de l'autre sexe. Ceux-ci sont confrontés à plusieurs modèles d'hommes, contradictoires ou complémentaires. Enfin, les différences de culture créent actuellement un choc au Québec et croisent la question de l'égalité entre les hommes et les femmes, un acquis au Québec selon tous les partis politiques[3].

Plutôt que de prendre parti et de discuter ces arguments, j'ai décidé de décrire, de «psychanalyser» les hommes selon leurs rapports entre eux et avec les autres : leurs parents, leurs femmes, leurs enfants. Car ils sont d'abord des fils et des frères, puis des copains, la relation entre eux se modelant sur celles bâties avec le frère ou la fratrie. Ensuite, ils sont des amants, des maris ou des conjoints et, enfin, des pères.

---

3. Durant la commission Bouchard-Taylor, en effet, l'égalité entre les hommes et les femmes était proclamée par tous les partis et opposée à l'idée des «accommodements raisonnables». Cette question de l'égalité ayant préséance sur les accommodements en cas de conflit entre les deux, elle mettait ainsi une limite à tout ce qui pouvait la désavouer. Voir à ce sujet Marie Hazan, «Ce qu'on ne peut pas dire, on ne peut le taire» (dans É. Clément et M.-A. Wolf, *Le Québec sur le divan*, Montréal, Les Voix Parallèles, 2008).

Ces rôles sont analysés et illustrés à l'aide d'exemples issus de la Bible, de la mythologie, des contes et légendes fondateurs de notre culture, de personnages de romans et de films, ainsi que de personnalités politiques. Ils nous aideront à revisiter ces liens tissés et vécus par les hommes et qui les représentent et les définissent.

PREMIER CHAPITRE

Les fils

État des lieux du masculin

Dans les chapitres qui suivent, les hommes sont décrits en fonction de leurs rôles conscients et inconscients dans la famille et la société. C'est leur identité même qui est engagée au-delà de ces rôles et, pour certains, elle semble fragile et difficile à définir. Maintenant que le cadre historique et social du masculin est établi, il s'agit de raconter les hommes dans le particulier et l'actuel, leurs liens entre eux, avec les femmes, leurs enfants, selon qu'ils sont fils, frères, amis, amants ou époux et, enfin, pères. Puis, les relations de couple sont examinées pour essayer de comprendre le malentendu entre les sexes et ses retombées actuelles.

Une réflexion est faite à partir d'exemples pour illustrer différentes figures ou modèles connus avec des personnages fictifs (contes, romans), mythologiques, historiques ou bibliques. Des personnages connus de la vie québécoise ou d'ailleurs sont aussi analysés, tels qu'ils apparaissent dans les médias comme représentants de l'imaginaire collectif.

Ces exemples rendront plus sensibles les différents états du masculin, passés et présents, d'ici et d'ailleurs, ainsi que les *modèles* positifs ou négatifs, surtout complexes, de nos sociétés.

Des fils «sans père[4]»?

Pour plusieurs auteurs, les difficultés actuelles des hommes relèvent d'abord de certains ratés dans la filiation. Selon la formule lapidaire du psychanalyste jungien Guy Corneau, un père leur aurait manqué.

Et puis, il faut bien commencer par le début. Avant d'être des hommes, en difficulté ou épanouis, des compagnons et des pères nouveaux ou anciens, quels fils étaient-ils, heureux ou en difficulté?

Les fils actuels, à commencer par Guy Corneau, déplorent un manque cruel du côté du père. Cela les empêcherait de se construire, en particulier du point de vue de leur identité masculine. Dans notre société d'aujourd'hui, les pères seraient généralement *absents*, c'est du moins ce qu'on peut entendre aussi bien dans le discours commun qu'en clinique. Cette formule est devenue tellement courante qu'elle est utilisée de manière quasiment systématique par les patients ou par les médias. Ils le seraient physiquement parfois, mais surtout comme pères dans la vie de leurs enfants. À quoi cette idée renvoie-t-elle plus précisément? Ceux-ci manqueraient de limites, de balises et d'assurance, mais surtout, ils n'auraient pas de modèles auxquels s'identifier. Ce thème est très récurrent au Québec: les images masculines dans les téléfilms et la publicité seraient négatives ou insignifiantes, les hommes publics tous en échec, selon Robert Mathieu-Sauvé (*Échecs et mâles* est d'ailleurs le titre de son livre).

Par ailleurs, ces hommes disent qu'ils ne peuvent pas montrer leur vulnérabilité, le modèle masculin étant trop rigide (Corneau,

---

4. J'emprunte ici, au profit des fils, le titre du livre de Louise Grenier: *Filles sans père. L'attente du père dans l'imaginaire féminin*, Outremont, Éditions Quebecor, 2004.

1989); ils seraient donc obligés de se construire une cuirasse pour se défendre. Des futurs *borderlines*? Selon d'autres représentations, les hommes seraient plus expressifs et expansifs, préoccupés par leur image et par leur apparence; seraient-ils devenus hystériques?

Difficile de se situer comme homme aujourd'hui: trop rigide ou pas assez... La faute en incomberait-elle au manque de père ou à un excès des mères? Nous reviendrons plus loin sur cette question.

Ces fils revendiquent donc des pères qui leur auraient manqué. Des pères présents mais absents parce qu'ils sont effacés ou qu'ils ne répondent pas à leurs attentes, voire à leur idéal. Guy Corneau fait la différence entre le père absent et le père manquant, qui peut être présent physiquement en rejetant et en dénigrant son fils.

Par contre, certains pères sont vraiment physiquement et géographiquement absents, ayant abandonné leurs fils; ceux-ci sont mis dans la même catégorie, ce qui rend la notion d'absence confuse. Et c'est ce qui déterminerait leur marasme actuel. Ils ajoutent à cela qu'ils voudraient justement donner à leurs enfants ce dont ils ont manqué. Comme pères, ils aimeraient construire un lien plus solide avec leurs enfants, hors de la sphère maternelle, donner une image positive d'eux-mêmes et adopter une manière plus souple d'intégrer des éléments de leur nouvelle identité masculine.

Fils d'hier, ils voudraient devenir des pères d'aujourd'hui. Quelques exemples pourraient éclairer l'ancien et le nouveau à cet égard.

Père manquant, fils manqué[5]

> *La bonté fondamentale de mon père m'apparut*
> *ce matin-là, et depuis ce jour, je suis régulièrement*
> *ému au contact de cette bonté.*
>
> Guy Corneau

Un exemple pour plusieurs hommes au Québec, une figure connue et touchante, une image à laquelle ils s'identifient, Guy Corneau lui-même a associé le fils manqué au père manquant comme effet logique dans une formule devenue célèbre par le titre de son livre. Cette quête infinie du père a très bien été nommée par ce psychanalyste qui a eu un succès international. Sa formulation tombait à point à un moment où les hommes auraient été bouleversés par les changements de société des années 1970. Guy Corneau a également été à l'origine de la création de groupes d'hommes qui se sont exprimés sur ce thème et qui ont joué un rôle certain pour plusieurs.

Peu après la parution de son livre sur les pères, Guy Corneau est tombé gravement malade et a failli mourir. Il a poursuivi sa démarche réflexive et a parlé dans son ouvrage suivant de son parcours personnel semé d'écueils et de ses retrouvailles avec son père[6]. Son avant-propos s'intitule, selon une formule-choc : «La presque mort, un témoignage personnel.» Il y raconte sa descente aux enfers dans une clinique de jeûne, à la suite d'une inflammation très grave de sa colite ulcéreuse chronique, des pertes sévères de sang et de poids. Il se voit mourir et se sent trop impuissant pour lutter contre la baisse, qui semble inéluctable, de sa vitalité. Heureusement, son père vient le sauver et l'hospitalise malgré lui : «Tu sais,

---

5. Livre de Guy Corneau, Montréal, Éditions de l'Homme, 1989.
6. *La guérison du cœur. Nos souffrances ont-elles un sens?*, Montréal, Éditions de l'Homme, 2000.

c'est vrai que je n'étais pas là quand tu étais jeune, lui dit-il alors, mais aujourd'hui j'y suis et tu vas sortir de la clinique même si tu dois me le reprocher jusqu'à la fin de tes jours.»

«Le ton était sans réplique [...], commente Guy Corneau. La bonté fondamentale de mon père m'apparut ce matin-là, et depuis ce jour, je suis régulièrement ému au contact de cette bonté. Rétrospectivement, je dois reconnaître que celui contre lequel j'avais tant ragé m'a sauvé la vie avec la clairvoyance de son instinct d'homme des bois[7].»

Ce témoignage poignant d'une résurrection ou d'une renaissance grâce à l'intervention paternelle est très touchant. L'auteur retrouve enfin un père qui soigne, un père affectueux et présent, un père-mère, mais aussi un père qui est un homme avec l'instinct des bois.

Un secret

Philippe Grimbert[8], quant à lui, est le fils de parents qui s'aiment tellement qu'ils ne lui laissent pas assez de place pour s'épanouir. Il existe à peine, pour son père surtout, dont il cherche à se faire reconnaître à tout prix. On les appelle les «parents fugueurs».

Mais Grimbert ressent quelque chose d'autre derrière cette passion. Il pressent une souffrance innommable. Et puis, son père a vraiment de la difficulté à le gratifier et lui permettre de s'épanouir. Un silence plane sur son père et son passé. Quand il finit par avoir la clé du secret de famille, il s'aperçoit que tout était silence et mensonge. Ce qu'il pensait être un passé idyllique entre ses parents s'avère avoir été un passif dramatique. En effet, le passé qui laisse

---

7. *Id.*, p. 19.
8. Le livre de Philippe Grimbert, *Un secret* (Paris, Grasset, 2004), a été porté à l'écran par Claude Miller. Sorti en 2006, il a gagné le premier prix du Festival des films du monde à Montréal (FFM) en août 2007.

planer ses sombres ailes sur son enfance, qui fait de lui un enfant chétif, maladif et quêtant l'amour de sa mère est enfin dévoilé. Le secret de famille est le suivant: son père a aimé sa mère alors qu'il était déjà marié et cette dernière était l'épouse du frère de sa femme. En d'autres termes, son père a ravi l'épouse de son beau-frère. Le scandale est d'autant plus troublant qu'il se produit pendant la période de l'Occupation en France et que la première femme de son père a disparu dans les camps de la mort avec son demi-frère Simon, le premier fils de son père. Aurait-elle en partie provoqué sa déportation et celle de Simon et leur mort, en montrant sa carte d'identité avec la mention «Juive» à la place des faux papiers qu'elle possédait? Terrible acte manqué – ou délibéré – qui a eu des conséquences mortelles sur la mère et le fils, et ravageuses sur les survivants plusieurs décennies après.

La découverte de ce secret met au jour le sentiment écrasant de culpabilité des parents de Grimbert, dont l'amour aurait indirectement causé la disparition d'Hannah, sa première femme, et plus particulièrement de son premier fils, Simon, dont l'ombre plane sur l'auteur depuis sa naissance. Philippe Grimbert, en effet, a toujours pressenti que son père ne le reconnaissait pas tout à fait et, surtout, il subissait les effets de cette culpabilité innommable. C'est l'histoire d'un fils qui n'arrivait pas à se faire reconnaître par son père.

Grâce au dévoilement du secret par une amie de ses parents, ainsi qu'à sa psychanalyse et à sa formation de psychanalyste et, enfin, à l'écriture de son roman, Grimbert échappe à la répétition de ce fantasme: ne pas être reconnu par son père. Il est un fils qui réhabilite son père et l'amour passionnel qu'il porte à sa mère, par-delà la transgression qu'ils ne se pardonnent pas. Cela lui a permis de s'occuper d'enfants en très grande difficulté, dont des enfants autistiques.

L'histoire d'Yves

Yves n'a pratiquement pas connu son père. Ce dernier est mort alors qu'il était bébé, à moins que ce ne soit quand il avait quatre ou six ans ; bref, ce n'est pas clair. À ma grande surprise (et à la sienne), je constate que ce jeune homme de vingt-cinq ans ne sait pas grand-chose sur son père et ses souvenirs sont réduits à une ou deux scènes, courtes et floues.

Dès la première séance, lui-même s'entend dire qu'il ignore beaucoup d'éléments de son histoire de vie. Ses souvenirs contredisent ce qu'il pense être la version officielle, mais une chose est sûre, cela fait très longtemps que son père est décédé et le silence est de mise.

Le premier travail de la psychanalyse consiste donc, pour Yves, à aller poser quelques questions sur sa petite enfance aux membres de sa famille. Ceux-ci cherchent à le protéger, mais ils n'ont pas vraiment d'objections à répondre.

Typique des secrets de famille, cette situation reflète une dynamique familiale cachée, sans vraiment l'être, comme dans l'histoire de *La lettre volée* d'Edgar Allan Poe : elle est là en évidence pour qui veut bien se donner la peine de la voir. En d'autres termes, du non-dit entoure le père, mais sans une volonté délibérée de dissimuler les choses ; au contraire, elles réclament d'être dévoilées.

Le secret est tout de même bien gardé, à cause de l'ambivalence liée au traumatisme. Des événements terribles se sont passés au moment où il était un nourrisson. Le travail de l'analyse consiste, comme pour Grimbert, à chercher ce qui demeure accessible, à condition de poser les bonnes questions auprès des proches grâce à une démarche analytique.

Yves se reconnaît très bien dans la formule de Guy Corneau, qui a pour lui un effet de vérité : père manquant, fils manqué.

Pour lui, la psychanalyse a accompli son travail de révélation et d'élaboration ; des changements de vie significatifs en ont résulté. Toutefois, il a fallu reprendre certains éléments au moment où il est devenu père à son tour, pour éviter de répéter les difficultés issues de l'absence du père. Ce dernier n'était pas seulement manquant physiquement ; sa mère ne pouvait pas lui en parler, peut-être à cause de son grand chagrin.

Ces trois exemples montrent non seulement comment le lien marqué par un manque entre le père et le fils peut être aliénant, mais aussi que cela n'est pas nécessairement un destin inévitable.

Pour en démêler les effets et les bases culturelles, considérons des figures plus traditionnelles et historiques du fils, à commencer par l'incontournable complexe d'Œdipe.

Le modèle du fils comblé dans la première phase du complexe d'Œdipe

Au commencement est le fils. Il aime tellement sa mère ! Elle l'aime beaucoup et il le lui rend si bien ! Le paradis terrestre, c'est cette union plutôt que celle d'Adam et Ève ! Avant même d'y penser, il croit sincèrement la combler. Comme l'a dit Freud, qui semblait bien connaître ce type de relation du fils à sa mère, c'est *le* modèle de l'amour parfait.

Son amour pour son père n'est pas en contradiction avec cette union si parfaite, pas encore ; il la complète plutôt. Mais un jour, le fils remarque qu'elle cherche ailleurs, qu'elle est impatiente, qu'elle se détourne de lui. Ne la comble-t-il donc pas ? Elle est tantôt là, tantôt ailleurs. Que cherche-t-elle ? Où va-t-elle ? Que veut-elle ? Tout n'est peut-être pas perdu ? La voyant s'élancer vers l'homme, son père ou un autre, la jalousie le mord. Alors il s'oppose au père, mais il n'est pas de taille...

Car elle est à la fois mère et femme; la nuit, c'est la «censure de l'amante». Le reste est connu: le désir de meurtre suit celui de l'inceste. Et la «castration» apportée par le père qui (re)prend ses droits remet le fils à peu près à sa place. Celui-ci accepte l'interdit de l'inceste pour pouvoir chasser plus tard et ailleurs, sauf pour diverses raisons, notamment si la mère n'est pas si absorbée par le père et qu'elle fait appel au fils, créant de la confusion dans son projet de renoncement à cet amour si attrayant.

«Cet interdit, Freud l'a retenu comme la condition d'accès à la génitalité du fils. Pour que ce dernier ait une vie sexuelle possible, une identité masculine possible, il faut que s'opère pour lui le renoncement à ce qui est pourtant l'objet le plus cher et qui le lui rend bien dans un certain nombre de cas; il faut qu'il y renonce, il n'a pas le choix parce que c'est comme ça[9].»

Le Petit Hans

Le premier fils de la psychanalyse Hans est nommé justement le Petit Hans[10]. Il souffre d'une névrose phobique et a très peur des chevaux, ce qui, au début du XXe siècle, à Vienne, le tient à l'écart des rues et des voitures à chevaux qui y circulent.

Amoureux de sa mère mais fidèle à son père, sa maladie, qu'il appelle sa «bêtise», sa phobie rendue célèbre, illustre, brillamment et à point pour Freud, sa théorie du complexe d'Œdipe. Hans est le premier enfant «psychanalysé» par lui, mais par l'intermédiaire de son père. Très proche de sa mère comme tout petit garçon choyé, sympathique, intelligent et curieux des choses sexuelles, il énonce

---

9. Charles Melman, *À propos de l'inceste*, site Web de l'Association lacanienne internationale (ALI), www.freud-lacan.com, 9 mars 2005.
10. «Le Petit Hans» (1909), dans *Cinq psychanalyses*, Paris, PUF, 1954.

des idées drôles que son père note soigneusement pour Freud. Hans adore son père, mais il « profite » d'une conjoncture favorable à son fantasme sous forme d'un début d'éloignement qu'il pressent entre ses parents, d'une nouvelle grossesse qui se profile et d'un départ à la campagne seul avec sa mère. Malheureusement, quand c'est trop délicieux, l'éclosion de la névrose s'ensuit.

Hans souffre de phobie depuis qu'il a vu un cheval tomber et qu'il s'est dit que ça pouvait arriver à son père que, par ailleurs, il aime. Cette représentation, le vœu de mort envers son père, est aussitôt refoulée. Elle le tourmente parce qu'elle entre en conflit avec son amour pour celui-ci et sa peur de représailles de la part de ce dernier. Ces éléments se condensent, dit Freud, sur le cheval qui représente à la fois le plaisir qu'il avait à les observer et la peur de la punition envers son désir interdit d'avoir la mère pour lui tout seul, si le père venait à « tomber ».

Quand il tente de contourner et de braver l'interdit de l'inceste en s'opposant au père, il souffre. Le refoulement met en place la phobie. Avec son symptôme, il ne renonce pas vraiment à son désir qui demeure donc présent et qui agit dans l'inconscient. C'est la définition même de la névrose que ce conflit, qui demeure vivace entre le désir pour la mère et la peur du père tel qu'il est intériorisé dans le surmoi.

Cette histoire demeure la plus merveilleuse illustration des délices et tourments du rapport œdipien du petit garçon à sa mère. Le fils se débat ici entre son désir ardent envers sa mère et celui, culpabilisant, de se débarrasser du gêneur, son père.

En théorie, si tout se passe bien, le surmoi intériorise le diktat de l'interdit de l'inceste imposé par le père et relayé par la mère. Le petit garçon se conforme, raison oblige ; il s'en trouve gagnant sur le plan de son équilibre psychique.

Or, Hans est le fils d'un père moderne. Cent ans après, il est frappant de constater combien ce père est attentif et présent aux désirs et aux souffrances de son fils. Il l'observe et l'emmène même deux fois chez Freud. Loin d'être un père sévère et distant, il est sensible et aimant. Mais peut-être n'est-il pas assez sévère et que la mère n'est pas vraiment claire dans le relais de l'interdit. Elle a plaisir à être tant aimée.

Sur ces entrefaites, elle donne naissance à Anna, la petite sœur de Hans. Cela suscite toutes les questions imaginables sur ce qui fait venir un bébé dans le ventre de la mère et comment il en sort. La théorie des cigognes qui amène les bébés, en vigueur à l'époque, en prend un coup! Enfin, la différence des sexes devient concrète et inquiétante, elle introduit le garçon au complexe de castration. En psychanalyse, cela veut dire qu'il renonce au fantasme incestueux d'union avec la mère, pour des raisons de réalité, et qu'il passe à autre chose. «Il sort des jupes de sa mère», dit Lacan. Il se sépare d'elle psychologiquement et se tourne vers l'extérieur et s'investit dans d'autres objets: l'école, les amis et la vie sociale.

Toutefois, ce schéma idéal ne reflète pas vraiment ce qui se passe. Le petit garçon résiste et ne renonce pas tout à fait à son fantasme œdipien et incestueux. Ce père si doux, si gentil l'est trop, semble-t-il, aux yeux mêmes de Hans qui lui demande d'être plus sévère! S'il a attrapé sa phobie, sa «bêtise», serait-ce parce que l'appel de la mère est trop irrésistible? Elle est en effet trop disponible, trop distante du père, surtout quand ils sont à Gmunden à la campagne, loin de Vienne où son mari est resté pour son travail. Le père est-il trop gentil? Voilà une question moderne, alors que cela se passe il y a un siècle!

Espérons que sa psychanalyse avec Freud par l'intermédiaire de son père l'a guéri. Quand, jeune homme dans la vingtaine, Hans va voir Freud, c'est pour lui dire qu'il a tout oublié de sa névrose et du traitement grâce au refoulement salutaire. Il dit très bien se porter et lui raconte que ses parents se sont quittés pendant son enfance et ont divorcé.

Pinocchio, ou le fils rebelle

Le personnage de Pinocchio introduit un autre type de relation entre père et fils. Geppeto a créé seul son fils, sans l'aide d'une femme, «avec un morceau de bois[11] ».

«Il était une fois...

— *Un roi*, direz-vous ?

— Pas du tout, mes chers petits lecteurs ! Il était une fois *un morceau de bois*[12] ! »

Avant même d'être terminé, le pantin se révolte, son nez pousse, peut-être quand il ment mais, dit Monique Schneider, c'est plutôt un indice de son insolence et de sa rébellion. Geppeto lui fait le nez, il pousse, il le retaille, il repousse !

D'un nez à l'autre, le pantin insolent se retourne contre son père pour le défier:

« "Pendard de fils ! Tu n'attends même pas que j'aie fini de te fabriquer pour manquer de respect à ton père ! C'est mal, mon petit, c'est mal !"

Et il essuya une larme.

Il ne restait plus qu'à faire les jambes et les pieds.

Quand ce fut chose faite, *paf!* Geppeto sentit un coup de pied lui arriver sur le bout du nez.»

---

11. Monique Schneider (2000), *Généalogies du masculin*, Paris, coll. Champs, Flammarion, 2006, p. 143-145 et 252-253.

12. C. Colloli, *Les aventures de Pinocchio*, cité par M. Schneider, p. 144.

Pinocchio et Geppeto sont plus des rivaux sans femme que fils et père. D'ailleurs, ils se retrouvent tous deux avalés vivants par la baleine, une figure maternelle.

Comme *Le Golem* ou *Frankenstein*, ces créatures d'un homme solitaire ont tendance à échapper à leur créateur et à se retourner contre lui. Dans cette relation duelle sans médiation féminine et maternelle, ils n'ont quelquefois d'autre choix que de détruire leur père.

Il est difficile d'avoir un lien à deux, sans médiation, comme nous le voyons avec Hans et Pinocchio. La mère et le père ont besoin l'un de l'autre comme *médiation* dans le rapport au fils. C'est ce qu'on appelle, en psychanalyse, la triangulation.

Un fils qui aurait mal tourné : George W. Bush, président et fils de président des États-Unis

Pour l'anecdote, George W. Bush aurait été moins aimé de son père qui lui aurait préféré Jed, le puîné. Avant d'être président des États-Unis pendant deux mandats consécutifs, George W. Bush, bien plus intelligent qu'il ne paraît, est généralement sous-estimé. Ainsi, durant le débat télévisé précédant les élections, Al Gore aurait perdu la partie en prenant une attitude méprisante envers lui. Dyslexique, George W. n'aurait maintenu à l'université Yale qu'une moyenne de C, ce qui aurait fait le désespoir de ses parents. Comme souvent dans les histoires édifiantes, ceux-ci le considèrent comme un raté, un *loser* et, en effet, il semble suivre ce chemin. Ce n'est que plus tard qu'il aurait admis son alcoolisme et été sauvé par Laura, qui devient son épouse en 1977. Soutenu par sa femme, il devient par la suite gouverneur du Texas en 1994, il est réélu en 1998 pour devenir président des États-Unis en 2000.

Comme souvent, la légende dit qu'une femme dans l'ombre maintient l'équilibre psychique de son mari, lui permettant d'accéder à des niveaux d'accomplissement social qu'il n'aurait pu atteindre autrement. Le même genre de propos a été tenu envers Nicolas Sarkozy à l'époque de son union avec Cécilia, qui l'aurait beaucoup soutenu durant son ascension jusqu'à la présidence de la République française.

Pour en revenir à Bush, un mythe veut qu'il n'aurait embrassé cette carrière que pour prendre de la valeur aux yeux de son père. C'est ainsi qu'il aurait déclenché la guerre en Irak pour aller plus loin que celui-ci et se faire enfin reconnaître de lui. Il a fallu qu'il soit donc juste « W », tel le titre du film qui a pris l'affiche pendant les derniers jours de son règne, comme si la légende demeurait plus forte que la réalité de ce personnage énigmatique qui serait comique s'il n'avait fait tant de ravages. Le nom, la fonction et la visibilité identiques appelaient à la recherche de cette petite différence signifiée par le « W » qui devient le tout.

Il ne s'agit pas ici de faire la psychanalyse de George W. Bush qui n'a rien demandé de tel ! Cela concerne plutôt l'imaginaire collectif et l'image que les médias projettent de George Bush et de W. : celle d'un rapport du fils au père qui le dévalorise, ce qui aura été plus que destructeur pour le monde.

Le fils méditerranéen

Liée à son fils à l'endroit duquel elle éprouve des sentiments quasiment religieux, la mère projettera sur lui les images menteuses et idéalisées d'un homme tout-puissant, d'un futur père tout-puissant, d'autant plus puissant et omnipotent que la faillite du père de cet enfant est patente, éclatante et dramatiquement perceptible.

Jacques Hassoun[13]

Tout comme Germaine Tillon dans son livre *Le harem et les cousins*[14], je considère les sociétés méditerranéennes comme un ensemble. Les trois religions monothéistes – chrétienne, musulmane et juive – fonctionnent selon un mode et des codes similaires, à des degrés plus ou moins importants. Sous le régime du patriarcat, les rapports entre les hommes et les femmes ainsi qu'entre les générations, le rapport au masculin et au féminin se ressemblent en effet grandement. L'homme se doit d'être viril, de dominer et de contrôler les femmes, à commencer par ses sœurs. Il faut pour cela qu'il rejette une part de sa féminité, qu'il se montre dur et qu'il domine ses pulsions, à moins qu'il ne clive l'objet féminin entre maman et putain. Ce mode qu'on pense désuet et qui est certainement en partie révolu, demeure quand même présent dans l'imaginaire et aussi parfois dans la réalité. Il implique également un refoulement de la sexualité qui, du coup, prend une place fantasmatique immense. Par exemple, la pratique de la virginité jusqu'au mariage, y compris tardif, pourrait créer des attentes trop grandes envers le conjoint, l'amour et la sexualité, et engendrer des difficultés, des frustrations et des conflits névrotiques et conjugaux.

---

13. Jacques Hassoun, « La virilité ? », dans *La virilité en Islam*, *op. cit.*, p. 238.
14. Germaine Tillon, *Le harem et les cousins*, Paris, Seuil, 1966.

Par ailleurs, l'hystérie, qu'on dit disparue en Occident, y est tout de même très présente chez des femmes et des hommes dans ces sociétés. Elle est reliée aux relations entre le sexuel, le féminin et le masculin, qui se répercutent dans les rapports familiaux et sociaux. Ce rapport à la sexualité et à la frustration ressemble, à certains égards, à celui de la société viennoise que Freud a connue et décrite dans ses effets sur les hystériques qu'il a soignés.

Le fils méditerranéen est adoré par sa mère, très attendu par son père. Si la naissance d'une fille est moins bien accueillie, celle d'un fils vient consacrer la virilité et donc le narcissisme de tout père de cette partie du monde. Gâté, choyé par une mère délaissée par le père, il est absorbé par elle. Elle reporte sur lui tout l'amour déçu dans la conjugalité. Elle peut aimer et être aimée en retour ! Dans le complexe d'Œdipe, il triomphe donc, mais à quel prix ! Celui de la dépendance et de la difficulté de séparation par rapport à la mère qui voit en lui sa créature. Toutefois, ce n'est qu'un juste retour des choses puisque son mari lui-même reste dépendant de sa propre mère.

Ainsi va la vie, dans la répétition ! Bien sûr, encore une fois, le destin n'est pas inéluctable, mais il est intéressant d'analyser ces problèmes à travers le prisme des difficultés du masculin. Fathi Benslama et Nadia Tazi l'ont souligné en publiant un livre collectif sur ce thème, car «les troubles de l'identité masculine ne sont pas l'exclusivité du monde musulman[15]», c'est en ces lieux que l'on observe l'importance donnée à la «valence différentielle des sexes» et qu'on observe un monde *androcentré* : «C'est en terre d'islam que l'on observe le plus massivement à la fois *la valence différentielle des sexes*, pour reprendre l'expression de Françoise Héritier,

---

15. Fathi Benslama et Nadia Tazi (1998), «Présentation», dans *La virilité en Islam*, Paris, Poche essai, 2004, p. 8.

et, en même temps, son impensé radical: l'adhésion aveugle de la plupart de ces sociétés à un ordre androcentré et la perpétuation d'un droit et d'une culture sexiste[16].»

Si cette configuration n'est pas toujours fixe, la plainte des filles concernant la préférence flagrante de la mère pour les fils est fréquente et souvent fondée, comme en témoigne Gisèle Halimi[17] dans son livre autobiographique poignant: «Tout ce que je suis, tout ce que j'ai fait, c'est, peut-être, parce que ma mère ne m'aimait pas.»

Elle décrit son admiration et son amour pour sa mère et l'hostilité et le rejet de celle-ci envers sa sœur et elle-même qui sont encore accentués quand elle perd un fils. Elle dit: «Ma mère ne m'aimait pas. Ne m'avait jamais aimée, me disais-je certains jours. Elle, dont je guettais le sourire – rare – et toujours adressé aux autres, la lumière noire de ses yeux de Juive espagnole, elle dont j'admirais le maintien altier, la beauté immortalisée dans une photo accrochée au mur où dans des habits de bédouine, ses cheveux sombres glissant jusqu'aux reins, d'immenses anneaux aux oreilles, une jarre (on disait une gargoulette) de terre accrochée au dos tenue par une cordelette sur la tête, elle, ma mère dont je frôlais les mains, le visage pour qu'elle me touche, m'embrasse enfin, elle, ma mère, ne m'aimait pas[18].»

---

16. *Id.*, p. 7.

17. Gisèle Halimi est une avocate française d'origine tunisienne, féministe engagée, notamment dans le mouvement Choisir pour l'avortement libre et gratuit. Elle a aussi été proche de Jean-Paul Sartre et de Simone de Beauvoir durant de nombreuses années.

18. Gisèle Halimi, *Fritna*, Paris, Plon, 1999.

Quant aux pères, une fois dépassée la déception de la naissance d'une petite fille plutôt que d'un garçon, ils s'attachent plutôt à leurs filles, qui les leur rendent bien. Ils ont plus de conflits avec leurs fils, surtout l'aîné qui, justement, usurpe leur place auprès de leur épouse.

Jacques Hassoun se demande, à la suite de Prévert: «Pourquoi dit-on la *virilité*?» Car «ce terme dont se parent les hommes s'énonce au féminin». Il lie le culte de la virilité à la haine envers la mère, faute de pouvoir s'en séparer: «La clinique nous le démontre: ce culte de la virilité, son idéalisation expriment une haine inavouable à l'endroit de son corps propre. Cette haine est l'expression de la haine éprouvée pour une mère – trop abusive, trop présente, semblant devoir trouver dans son enfant mâle ce qui lui manque.»

Est-ce pour autant la faute des femmes? Non, ce serait une proposition trop injuste, ajoute-t-il. La mère qui n'intervient que comme mère et non comme femme est seule en cause: «Proposition injuste mettant la femme cause de tout» et «paradoxale, cette femme semble se consoler à travers cet enfant des assauts qu'elle a eu à subir de son *sur-mâle* d'époux. Or, il est évident que ce personnage maternel n'intervient pas ici en tant que femme mais uniquement en tant que mère».

Je reviendrai sur cette importante différenciation entre femme et mère, qui fait pendant à la question de l'identité masculine entre homme et père.

Une mère folle d'emprise sur son fils

Voici un autre exemple de domination maternelle, mais dans la société bourgeoise française.

Dans un film récemment vu à la télévision[19], Nathalie Baye joue le rôle d'une mère littéralement folle de son fils ou, du moins, du contrôle qu'elle cherche à avoir sur lui. Elle finit par avoir une emprise totale sur lui: l'empêchant de sortir, de voir sa copine et même de rentrer dans sa chambre. Il dit à sa sœur: «C'est elle qui décide quand je peux y aller.» Rien n'y fait: sa sœur, sa seule complice, essaie de le protéger, mais la mère l'exclut et l'exile. Elle finit par quitter la maison pour aller à l'université, avec la bénédiction du père, laissant son frère seul sous l'emprise de sa mère. Ni l'appel au père ni celui à la police n'y font effet: elle est trop séductrice et perverse pour être démasquée. Elle a tous les droits sur le fils et veut l'empêcher de la quitter au moment du passage de l'adolescence. Elle danse avec lui, le bat et exerce un contrôle absolu sur lui. Le père démissionne complètement de sa fonction paternelle, laissant toute latitude à sa femme; la maison, les enfants, c'est son domaine. Elle est d'ailleurs une ménagère accomplie, dit-il aux policiers, qui lui donneraient le bon Dieu sans confession.

Rien ne parvient à l'arrêter: ni le père veule et lâche, «professeur d'université qui a beaucoup de travail», ni la police que le fils appelle disant qu'il veut se suicider. Ce n'est que lorsqu'il menace de la tuer qu'elle lâche enfin prise et arrête de le persécuter.

Ce film poignant montre la folie de l'emprise d'une mère qui cherche à faire de ce garçon sa chose.

---

19. *Mon fils à moi*, film de Martial Fougeron, 2007.

L'enfant roi des pays occidentaux

Au XXIe siècle, les rapports familiaux ont bien changé. Les enfants sont très investis par les parents qui, par ailleurs, ont quelquefois peu de temps à leur consacrer. Même si eux-mêmes, comme enfants, ont peut-être bénéficié d'encore moins d'attention, voire d'affection, ils se sentent coupables à leurs propres yeux de ne pas assez investir leurs rejetons adulés et si désirés. La cellule familiale est également bien plus retreinte et offre moins de possibilités de recours. Avec la baisse de la natalité, il y a moins d'enfants, donc la fratrie est réduite ; il y a moins de cousins et d'adultes dans la famille pour prendre le relais en cas de difficultés. Avec des figures parentales auxiliaires – oncles et tantes, grands-parents et amis des parents –, les enfants se débrouillent mieux que lorsqu'ils n'ont que leurs parents isolés pour interlocuteurs à leurs questions et exutoires à leurs conflits internes.

Par contre, cette structure familiale dite nucléaire serait moins propice à la promiscuité et à la difficulté de séparation des familles « méditerranéennes » décrites précédemment.

Aujourd'hui, les enfants sont maîtres dans la maisonnée. Ils décident de ce qu'ils veulent manger et quand, ils disent ce qui leur passe par la tête et tout le monde devrait trouver cela drôle. Après l'éducation stricte subie par les *baby-boomers*, leur recherche de « jouissance sans limites » leur aurait-elle fait perdre le nord avec leurs enfants ?

Dans le premier chapitre de son livre *Lignes de faille*[20], Nancy Huston décrit magnifiquement un enfant qui devrait avoir ce qu'il veut, qui est le centre de la maisonnée et des désirs parentaux, un

---

20. Nancy Huston, *Lignes de faille*, Paris, Actes Sud, 2006.

petit tyran qui souffre de devoir subir tout seul ce poids émotionnel et les lignes de faille qui remontent à trois générations.

Pour conclure

Que demande le fils au père? Est-il vrai qu'aujourd'hui, au Québec et peut-être ailleurs, le père est manquant? La demande à son égard est-elle supportable? Existe-t-il, a-t-il existé, ce père «non manquant», ce père sévère mais juste qui serait exactement à sa place, cette place si convoitée à la place du manque? Qui est-il et où est-il en dehors des fantasmes des fils qui se disent manqués? Que pourrait donc être ce père qui ne manquerait pas: une illusion sans avenir? Mais n'est-ce pas dans le symbolique, dans l'ordre social actuel que cette place manquerait, produisant des fils sans limites mais sans repères?

À qui ces hommes, qui grimpent sur les ponts pour déclarer à leurs jeunes enfants: «Papa t'aime», s'adressent-ils à travers leur action? Parlent-ils aussi à leurs pères?

Deuxième chapitre

Les frères

Complices et rivaux

La relation de fraternité constitue le premier lien horizontal important et intense que le petit garçon vit et subit dans sa toute petite enfance. Le frère – la sœur – est la personne avec qui il partage les premières intimités : la nourriture entre plaisir et dégoût, les jouets et les jeux, la complicité et les rires sur le pipi, le caca et autres rigolades, l'amour pour les parents, en somme, les premiers investissements sexuels. Selon Freud, ces plaisirs de la pulsion *partielle* liés aux odeurs et aux sensations, à l'oralité (la bouche), à l'analité (la rétention ou l'expulsion des matières fécales) et à la découverte des organes sexuels et de leurs différences, sont sexuels.

Freud appelle sexualité le plaisir que le bébé ressent, puis recherche *en plus* de ce que le besoin réclame et exige. Par exemple quand il tète le sein, le biberon, la tétine ou son pouce, même quand il n'a pas faim, il en retire un plaisir et un apaisement, qui est à distinguer du besoin physiologique de se nourrir. Ce plaisir de surcroît est ce que Freud appelle la sexualité partielle. Il dit même, sans connotation morale, ni psychopathologique, que l'enfant est un *pervers polymorphe*.

Le frère est le compagnon par excellence de ces manifestations: les premières blagues scatologiques qui font rire aux éclats, le bain souvent pris ensemble, assorti de jeux et de bagarres. Car ce premier partage à travers la sexualité partielle, souvent forcé par l'irruption du frère dans le monde de l'enfant et vécu à la fois dans la complicité et la rivalité, est aussi celui de la compétition pour l'attention et l'amour des parents ainsi que pour l'assouvissement de pulsions et de désirs qu'on pourrait dire égoïstes. En même temps que le plaisir, cette recherche passionnée suscite de perpétuels conflits et disputes, l'hostilité pouvant aller jusqu'à «l'attentat» comme dit Freud[21] : «Le jeune enfant n'aime pas nécessairement ses frères et sœurs et, généralement, il ne les aime pas du tout. [...] Il voit en eux des concurrents [...] et, généralement, c'est l'attitude hostile qui est la plus ancienne. Par la suite, l'enfant profite de toutes les occasions pour disqualifier l'intrus, et les tentatives de nuire, les attentats directs ne sont pas rares dans ces cas.»

Issu du désir mystérieux des parents, tombant comme un cheveu sur la soupe, le frère, c'est d'abord un gêneur, un usurpateur, selon Freud. «Que la cigogne le remporte» est ce que dit l'enfant à l'égard de cet intrus. Toutefois, la culpabilité œdipienne, par rapport à cette hostilité ouvertement exprimée, peut être féroce par la suite, surtout si l'enfant jalousé est malade ou s'il meurt comme dans le cas du frère de Freud. «Tout me fait croire, à propos de mon frère Julius, que la naissance d'un frère d'un an plus jeune que moi avait suscité en moi de méchants souhaits, une véritable jalousie enfantine, et que sa mort avait laissé en moi le germe d'un remords», écrit-il à Fliess le 3 octobre 1897[22].

---

21. Freud (1917), cité par Kaës dans *Le complexe fraternel*, Paris, Dunod, 2008, p. 87.
22. Cité par Kaës, *op. cit.*, p. 13.

Cette réaction hostile bien connue est ensuite refoulée pour se transformer en une affection, qui a l'air un peu forcée; c'est ce qu'on appelle la formation réactionnelle.

Dans la Bible, le rapport entre frères illustre de manière saisissante ce premier moment. Il met en avant la rivalité violente, sans médiation, avant la fraternité.

Le premier meurtre : Caïn et Abel

> *Le visage défait, Caïn ressent dans son cœur une vive brûlure. Il parle à son frère Abel. Ils sont au champ et soudain Caïn se jette sur Abel son frère et le tue. La communication ne peut s'établir entre les deux frères et leur conflit dégénère en violence conduisant à la mort de l'un d'eux.*
>
> Éric Volant[23]

La rivalité fraternelle allant jusqu'au meurtre est un thème récurrent dans la mythologie. Elle frappe l'imaginaire. Ce conflit meurtrier serait inhérent au lien qui unit les deux frères, deux faces de la même médaille identitaire et dont ils se défont par le meurtre : «Ces deux hommes ne sont pas devenus meurtrier et victime, parce que l'un est mauvais et l'autre bon. Les noms sont interchangeables, de sorte que l'on aurait pu écrire un autre récit dans lequel Abel tue Caïn. En dernière analyse, les deux partenaires s'affrontent pour la bonne raison qu'ils ne sont pas capables de s'entendre au sujet du partage d'un même espace social et économique, sans se nuire ni se détruire[24].»

---

23. Éric Volant, *Encyclopédie sur la mort*, site Internet et les Éditions Liber, 2003.
24. Éric Volant, *op. cit.*

Cette manière d'envisager la destruction inéluctable de l'un par l'autre pourrait faire penser aux conflits politiques et fratricides, entre des peuples voisins et trop souvent ennemis à la fois.

Ce conflit biblique, qui rappelle d'autres récits mythologiques, suscite beaucoup de productions littéraires et artistiques.

Le premier fils, c'était Caïn et le premier frère, Abel. Adam et Ève eurent plusieurs enfants, dont ces deux frères qui furent peut-être jumeaux. Et Abel fut la victime du premier meurtre de l'histoire biblique. Est-il préféré par Dieu qui accepte son offrande et le gratifie tout en dénigrant celle de Caïn ? C'est en tout cas ce que conclut Caïn. Atteint par la morsure de la jalousie, il le trouve dans le champ et le tue. Après le meurtre, Dieu cherche Abel auprès de Caïn qui lui répond : « Suis-je le gardien de mon frère ? » Ce faisant, il essaie de cacher le crime, mais il est chassé par Dieu, qui est tourmenté de voir ses créatures se déchirer si violemment des effets de sa préférence. Caïn reçoit une trace sur le front qui le marque et le rend reconnaissable à tous, tout en le protégeant des attaques meurtrières. Serait-ce pour qu'il porte le poids de la faute à jamais ?

Victor Hugo en fait un éternel persécuté par le remords. L'œil le poursuit et le retrouve partout où il essaie de se cacher. Et la fin met en scène le Surmoi d'une façon inoubliable tant l'image est frappante : « L'œil était dans la tombe et regardait Caïn. »

Le rapport duel est ainsi illustré de manière marquante pour notre culture. Cette issue – l'élimination de l'un par l'autre et la culpabilité écrasante qui s'ensuit – illustre plutôt l'interdit de tuer l'autre, son proche, son semblable.

Romus et Romulus, d'autres jumeaux ennemis

Romus et Romulus sont jumeaux. Ils ont été abandonnés bébés à cause de prédictions funestes les concernant. Ils ne doivent leur survie qu'à la louve qui les a nourris de son lait. Une fois adultes et ayant découvert leur origine, ils veulent nommer et ainsi fonder la ville de Rome. Un conflit fratricide les oppose dont Romulus sort vainqueur. Il n'y a pas de place pour deux, un doit disparaître selon ce mythe. Et seul un des deux – peu importe lequel, en somme – peut survivre et effectuer l'acte de nomination et de fondation de Rome.

On trouve ici le même thème que dans le conflit entre Caïn et Abel. L'un est le *double* de l'autre et seul le meurtre peut dénouer leur rivalité. Or, c'est sur ce meurtre que se construit la cité.

Mais c'est une allégorie, une métaphore du jeu des pulsions et de l'opposition entre l'unité et la division, entre le désir d'avoir tout pour soi et d'y renoncer avec la socialisation et la solidarité, par exemple. En psychanalyse, ce serait la tension entre la pulsion de vie et la pulsion de mort.

Un personnage double se permet tous les pouvoirs. Cette dualité peut se décliner en corps et âme, mortalité et immortalité. C'est typique de la mythologie dans plusieurs cultures : la mort de l'un permet la survie de l'autre, qui fonde la cité, comme il en était question avec Romulus.

Caïn s'établit et s'apaise également. Après la mort d'Abel et son long exil, il s'installe, prend épouse et fonde lui aussi une descendance en nommant sa ville du nom de son fils, Hénok. Cette fin, moins connue, illustre la règle de la Thora qui dit : « Que ton frère vive avec toi, sans que pour autant tu n'empiètes sur lui. »

Isaac et Ismaël, ou la séparation des frères rivaux

*Et Sarah dit: «Dieu m'a fait un sujet de rire;
quiconque l'apprendra rira de moi.»*

Genèse 21

Abraham, le patriarche et père du monothéisme, eut deux fils célèbres. Leur conflit n'aboutit pas à un affrontement, mais plutôt à un évitement du conflit.

Sarah, qui ne peut concevoir pendant de nombreuses années, demande à Abraham de faire un enfant avec Agar l'Égyptienne. Ismaël naît de cette union. Par la suite, l'ange annonce à Sarah, alors qu'elle est très âgée, qu'elle donnera naissance à un enfant. Incrédule, elle rit. Le nom d'Isaac vient de ce rire.

Mais Sarah souffre. Quand Ismaël rit de la voir enceinte à quatre-vingt-dix ans, elle est blessée. Elle demande à Abraham de chasser la mère et le fils. Agar et Ismaël partent donc en exil dans le désert et fondent la filiation ismaélite, musulmane et arabe par la suite.

Ce que l'histoire en dit, c'est que des deux fils d'Abraham sont issues deux lignées cousines, la juive et la musulmane, et que de cette séparation, de ce clivage, s'engendre la relation complexe et conflictuelle qui les unit et les sépare à la fois.

Jacob et Ésaü, ou la rivalité fraternelle

Qui va à la chasse perd sa place.

Dans la Bible, plusieurs histoires de frères rivaux sont emblématiques du conflit et de ses résolutions diverses. Elles sont très connues et présentes dans l'inconscient collectif.

Moins tragique que le rapport entre Caïn et Abel est celui de Jacob et Ésaü; leur rivalité ne va pas jusqu'à la mise à mort. Jacob se contente de supplanter son frère en lui «achetant» le droit d'aînesse, en échange d'un plat de lentilles que réclame Ésaü affamé et prêt à tout. Ensuite, par une ruse, mais avec la complicité de sa mère Rebecca, il trompe son vieux père presque aveugle, qui veut restaurer le droit d'Ésaü. Se couvrant d'une peau de bête, il se fait passer pour lui. Il bénéficie à sa place de la bénédiction paternelle donnée à l'aîné.

L'investissement des parents est très important en ce qui a trait au développement des enfants et des relations dans la fratrie. Ici, le préféré du père est en compétition avec celui de la mère, sans parler de la rivalité suscitée par la hiérarchie entre les enfants. Encore aujourd'hui, le rang d'aînesse et le statut de cadet, même s'ils n'ont plus les mêmes conséquences financières et de pouvoir, demeurent une cause de litige importante.

«Les réactions dites de jalousie à la naissance d'un puîné», de Françoise Dolto, ou la formation de l'identité par frère interposé

> C'est tout spécialement dans la situation fraternelle primitive que l'agressivité se démontre pour secondaire à l'identification.
>
> Jacques Lacan (*Les complexes familiaux*[25])

Pour Françoise Dolto, la jalousie n'est qu'un effet du processus d'identification et de formation de la personnalité. Le bébé qui vient de naître est à un stade antérieur par rapport à son aîné. Il est impuissant et peu sympathique à imiter. Cet état de vulnérabilité suscite donc, impulsivement chez l'aîné, une agressivité due à la nécessité de s'en éloigner.

---

25. Jacques Lacan, *Les complexes familiaux*, Paris, Navarin, 1936, p. 14.

Dans un texte[26] que je recommande aux parents attendant un deuxième ou un troisième enfant, Françoise Dolto raconte son expérience de mère de trois enfants rapprochés, les réactions de l'aîné à la naissance du deuxième, puis de celui-ci à la naissance de leur sœur. Les trois enfants sont nés avec vingt et un mois d'écart. Elle décrit aussi ses propres observations et son accueil des réactions inévitables de l'enfant concernant la jalousie du puîné. Au lieu de pénaliser les réactions spontanées de l'enfant, elle essaie de les déculpabiliser. L'enfant est entendu dans ses réactions et son agressivité est dirigée ailleurs : vers une poupée, le loup, l'ours.

Elle raconte en outre l'histoire d'une consultation, celle de Robert, un petit garçon du même âge que le sien, et de la réponse des parents à son «agressivité». Leurs réactions auraient pu causer des effets très pathogènes sur leur fils, à commencer par l'escalade dans les agressions de l'aîné envers son frère. Mais l'intervention de Françoise Dolto permet de dédramatiser les choses, de dépasser ce moment de rivalité agressive et de rétablir la paix entre les frères. Elle recommande trois choses à la mère :

- Le bébé va offrir un cadeau à l'aîné par les parents interposés ;

- Les parents donnent à l'aîné un jouet sur lequel il peut se défouler et qui joue le rôle de bouc émissaire ;

- Elle demande surtout aux parents de ne pas censurer les réactions spontanées du plus grand, mais de commenter ainsi les soins au nourrisson, si la mère le câline. Par exemple : «Que c'est bête, les mamans, d'aimer des petits bons à rien comme Pierrot. Il faut être une maman pour aimer ces petits paquets qui ne sont bons à rien qu'à crier, manger et faire pipi, caca[27].»

---

26. Françoise Dolto (1947), «Les réactions dites de jalousie à la naissance d'un puîné», dans *Au jeu du désir*, Paris, Seuil, 1981, p. 96-132.

27. Françoise Dolto, *op. cit.*, p. 104.

Car, pour le tout-petit qui voit arriver ce bébé qui ne sait rien faire, ce qu'il voit d'abord est un autre pareil à lui-même et si différent parce qu'il représente une image antérieure de lui-même, impuissante et fragile. Il essaie d'éviter de voir qu'il était si vulnérable. L'aîné se demande encore pourquoi tant s'extasier sur cette petite chose moche et si peu performante, alors que, jusque-là, on vantait tant ses propres progrès. On le félicitait parce qu'il parlait de mieux en mieux, marchait, était propre, apprenait toutes sortes de choses et offrait des performances qu'il était enfin capable de réaliser! Et voilà que ses parents semblent régresser et en adoration devant ce petit être impuissant.

Elle observe aussi que l'aîné évite de regarder le nourrisson; il détourne la tête, mais c'est parce qu'il fuit ainsi une régression dangereuse pour lui. Il ne peut regarder cet être si vulnérable de crainte de revenir en arrière: «Le sens libidinal biodynamique, à être ainsi contrarié, déclenche immédiatement un mécanisme de défense qui, à l'état pur, les adultes n'intervenant pas, n'est pas agressif mais neutre, et constitue un essai pour ignorer le danger en évitant regard et intérêt pour cette intrusion énigmatique[28].»

L'idéal est de l'amener, au contraire, à grandir en se propulsant vers l'extérieur, par exemple en compagnie du père, loin du bébé.

C'est dire que la jalousie n'est que la pointe de l'iceberg et cache cette rencontre avec l'autre lui-même et cette peur de la régression. Ce qui est en jeu, c'est l'identification et la formation du narcissisme plutôt que la rivalité conflictuelle. Françoise Dolto démontre dans son article que c'est le sens du social qui est ainsi mobilisé par le passage du deux au trois: «Et si arrive cette aisance dans la situation à trois, en remplacement de la situation à deux, le sens de la famille et de la société est né pour le sujet. [...] Le sujet se

---

28. Françoise Dolto, *op. cit.*, p. 124.

sent libre et laisse les autres libres. [...] Cette épreuve est néces-saire pour l'assomption de la notion d'"autre", et tout être humain la rencontre tôt ou tard sur sa route[29]. »

Le complexe de l'intrus

Disons que le point critique révélé par ces recherches est que la jalousie, dans son fond, représente non pas une rivalité vitale, mais une identification mentale.

Jacques Lacan (*Les complexes familiaux*[30])

Le frère est un «intrus» selon le terme de Lacan, mais le rapport de jalousie cache surtout le processus d'identification; en effet, le frère représente un autre à la fois pareil et différent. L'agressivité et la jalousie sont secondaires à cette aliénation de l'identité tribu-taire de l'image de soi-même dans l'autre.

Face à son frère, il est troublé de se voir dans l'autre; il s'y pro-jette étranger et similaire à la fois. Cette ambivalence fondamen-tale se retrouve dans le rapport au frère, tant compagnon qu'intrus. Ce sont là les deux versants indissociables du rapport fraternel. L'hostilité et le rejet, qui se transforment en amour, sont plus con-nus et illustrés dans la littérature, mais c'est le processus d'identi-fication qui est premier.

Ce n'est que par la suite que le lien fraternel se greffe au com-plexe œdipien, avec les conflits qui lui sont spécifiques. Toutefois, il se base sur l'ambivalence, qui lie indissolublement sentiment d'intrusion et identification.

---

29. Françoise Dolto, *op. cit.*, p. 128.
30. Jacques Lacan, *op. cit.*, p. 13.

Ces aspects caractérisent les rapports entre frères et, par extension, avec les amis et les compagnons de jeu, que Jacques Lacan nomme «frérocité».

Ce qui n'empêche pas la complicité fraternelle, au contraire. Dans le domaine du cinéma, par exemple, Joel et Ethan Coen montrent que cette association peut être très créatrice et productrice. Respectivement réalisateur et producteur, ils travaillent étroitement au point qu'ils sont surnommés «le réalisateur à deux têtes» et qu'on dit que si l'un commence une phrase, l'autre la finit. On leur doit une longue filmographie originale, comique et tragique dont *Fargo* et, plus récemment, *No Country for Old Men* et *Burn After Reading*[31].

Joseph vendu par ses frères

Après la relation duelle entre frères, voici l'exemple de relations dans la fratrie comprenant plusieurs frères et, curieusement, pas de sœurs.

Fils de Jacob, aîné de sa femme préférée Rachel, morte en accouchant de Benjamin, Joseph est aussi le préféré de son père Jacob, au détriment de ses onze demi-frères. D'ailleurs, Jacob lui offre une belle tunique pour ses dix-sept ans, ce qui rend les frères envieux. Il est victime de leur jalousie, mais ce qui met leur rage à son comble, c'est son immense confiance en lui-même, qui leur fait ombrage. Il leur signifie, à travers ses rêves, qu'il est au-dessus d'eux et même de ses parents. Là, onze gerbes de blé s'inclinent devant la sienne. Tout le monde comprend que ce sont les onze frères qui devraient

---

31. Les titres français de ces films sont respectivement *Non, ce pays n'est pas pour le vieil homme* et *Lire et détruire*.

se courber devant lui. Une représentation phallique avant la psychanalyse pour ce précurseur de Freud en matière d'interprétation des rêves!

Quand il leur raconte ce rêve, les frères sont furieux; ils le prennent pour ce qu'il est: son désir de les rabaisser. Ce récit leur rappelle que ce Joseph qui se prend pour un roi est le préféré du père. N'est-ce pas justement ce qui lui donne cette assurance insolente? Ce récit et son arrogance signent l'arrêt de mort de Joseph. Ils veulent se débarrasser de lui puis, renonçant à le tuer, ils optent pour un compromis et finissent par le vendre à des marchands ismaélites contre vingt pièces d'argent. Versant le sang d'un chevreuil sur la tunique, ils la rapportent à Jacob comme preuve de sa mort. Le père est désespéré par la perte de ce fils tant aimé, qu'il croit perdu à jamais. Il prend le deuil. Ses gestes de désespoir, comme le fait de déchirer ses vêtements, sont repris dans les rituels que les Juifs pratiquent encore pour le deuil de proches.

Mais Joseph est bien vivant. Déporté en Égypte, c'est finalement grâce à son don pour l'interprétation des rêves qu'il est appelé aux côtés du pharaon. Il sauve les Égyptiens de la famine en faisant engranger les récoltes des bonnes années, en prévision des mauvaises récoltes qu'il a prévues avec ses rêves prémonitoires. Il retrouve ses frères et l'histoire finit relativement bien, sans que la réconciliation soit vraiment claire avec eux. Il garde en effet incontestablement son statut supérieur.

C'est donc l'histoire d'un frère qui se distingue de sa fratrie, ce qui n'est pas une tâche aisée dans une famille nombreuse où il n'est pas facile de prendre sa place. Des talents particuliers, beaucoup de caractère et de détermination sont à mobiliser. Bénéficier de l'appui et de l'amour d'au moins un des parents est un atout quelquefois, comme cette histoire le dit, mais n'est pas exempt de danger! Ici, c'est l'individu Joseph qui est gagnant au détriment du groupe des onze frères. Et s'il prend sous son aile protectrice Benjamin, son seul frère de sa mère Rachel, il demeure à distance de ses demi-frères qui restent des rivaux. Mais leur relation est devenue civilisée et non plus sauvage comme elle l'était, quand seule l'élimination physique de l'intrus était mise en acte. Les frères fondent alors les douze tribus d'Israël en se séparant et en partageant le territoire.

Le Petit Poucet : la force du groupe

Ce conte met en scène des frères d'une famille nombreuse, encore une fois sans sœurs. On y voit à l'œuvre la compétition au profit du groupe. Le combat pour la survie contre le projet funeste des parents est mené par le plus petit, le plus vilain, mais aussi le plus malin. À l'instar de Jacob qui est plus fluet et moins fort, mais plus malin et efficace ; à l'exemple de Joseph qui sauve sa famille malgré le mal qui lui a été fait et triomphe, le Petit Poucet ramène ses frères à la maison, après que ses parents les eurent *perdus*, en fait volontairement abandonnés dans la forêt. La disette, la famine amènent en effet l'infanticide mis en scène dans plusieurs contes.

Échappant à l'ogre qui veut les manger – par une ruse, le Petit Poucet l'amène à tuer ses propres filles ! – et grâce à leur solidarité, à leur ténacité, à leur acharnement et à leur organisation, les garçons, menés par le plus jeune, réussissent à survivre dans un monde hostile.

On pourrait dire que l'histoire met en scène l'union des frères « contre » leurs parents et un monde dur.

D'ailleurs, selon Anna Freud et Dann, « l'absence de la mère supprime la rivalité fraternelle : les rapports entre les enfants sont marqués par des sentiments de bienveillance et d'amitié[32] ».

---

32. A. Freud et Dann, cité par Kaës, *op. cit.*, p. 140.

Cette ligue pourrait figurer les bases mêmes de la démocratie. Ce qui est ici en jeu, c'est le processus même de socialisation; on le verra dans le troisième chapitre.

Le lien fraternel est particulièrement d'actualité avec la nouvelle famille d'aujourd'hui. D'une part, les demi-frères et les demi-sœurs (sinon les «quarts»!) se trouvent réunis à l'occasion des unions successives des parents avec de nouveaux conjoints; de l'autre, les enfants uniques de parents uniques recherchent désespérément à se faire des amis et des frères pour échapper à l'isolement et construire un lien social. Dans la configuration des familles actuelles, la relation entre pairs est essentielle. La compréhension du lien fraternel est donc nécessaire pour analyser ces rapports renouvelés et très importants dans la structuration des individus. C'est la «République des frères».

Frère et sœur: protection et rivalité

Le frère peut aussi être une sœur comme pour le Petit Hans. Freud l'avait découvert dans cette première psychanalyse d'enfant: la naissance d'une sœur provoque chez Hans non seulement la rivalité et la jalousie dans le processus d'identification, mais aussi la curiosité, l'exploration en vue de la découverte de la différence des sexes. Selon Freud, la curiosité scientifique tiendrait là son origine.

La relation entre frère et sœur ressemble à celle entre frères. Avec l'intensité des premières relations, elle réunit complicité et rivalité, amour et affrontement.

Dans le conte *Hansel et Gretel*, les enfants sont aussi aux prises avec des parents qui les abandonnent à cause de la disette. Perdus dans la forêt, ils sont les otages d'une méchante sorcière qui se fait servir par Gretel et fait engraisser Hansel pour le manger. La fin est typique: elle est précipitée la tête la première dans le fourneau, où elle voulait le faire cuire. Ainsi finissent les méchantes sorcières mangeuses d'enfants, comme le loup des trois petits cochons.

La morale de l'histoire est la suivante : les enfants doivent se séparer de leur mère et de la relation orale dévorante !

Dans ce conte, la sœur est protectrice de son petit frère, et les frères peuvent aussi être paternels et protecteurs avec leurs sœurs.

Par ailleurs, la rivalité prend une dimension particulière quand elle se manifeste entre frère et sœur. Ces relations latérales que Kaës analyse dans le complexe fraternel sont intenses et marquantes pour la vie. Elles ne passent pas nécessairement par la relation avec les parents[33]. Elles peuvent être très intenses affectivement et éro-tisées ; le rapport de force y est marquant. La valorisation donnée à un sexe ou à un autre par la société et la famille influence grande-ment l'image de soi que se fait chaque enfant, comme on l'a vu à propos de Gisèle Halimi : les filles n'étaient pas valorisées dans la société tunisienne où elle a grandi et sa mère ne l'aimait pas, dit-elle.

Qu'en est-il de notre société ? Si des filles y sont plus valorisées qu'auparavant, si de plus elles réussissent mieux à l'école, du moins au primaire et au secondaire, comme les statistiques le montrent, qu'en est-il de la compétition entre frère et sœur et de la jalousie admirative et haineuse qui peut naître et grandir de ce fait ? Les difficultés éventuelles du petit garçon l'amèneraient-elles à entrer en compétition spécifique avec les filles ? Dans notre société, les relations entre collègues, amis et même dans le couple sont très com-pétitives et parfois le fait d'être rivaux sur le même terrain rend le rapport très conflictuel. La lutte entre les sexes est plus féroce du

33. Voir Kaës, *op. cit.*

fait qu'ils chassent sur le même terrain: l'école, les diplômes, le travail.

Les relations de couple sont quelquefois duelles, sans tiers, sans issue. On le voit malheureusement dans les batailles juridiques interminables et ruineuses menées par certains au moment du divorce avec le partage impossible des enfants et des biens, qui pourraient évoquer la lutte à mort entre Caïn et Abel.

Antigone, la sœur intransigeante et idéaliste

Antigone est un exemple moderne de fidélité fraternelle, d'intransigeance et d'éthique. Elle cherche à inhumer son frère laissé sans sépulture par leur oncle Créon, alors que l'autre frère est enterré avec tous les rituels en vigueur. En effet, ses deux frères, Étéocle et Polynice, se sont entretués, et Créon veut en laisser pourrir un sans l'enterrer. C'est cette différence même entre ses frères, cette inégalité et cette dissonance entre la loi morale et la loi de Créon qu'elle récuse jusqu'à la mort. Symbole moderne d'une révolte juste contre un pouvoir injuste et injustifiable, elle décide de passer outre à l'interdit. Son châtiment: elle est emmurée vivante. Refusant de se soumettre encore une fois, elle se pend. Son fiancé et cousin Hémon, fils de Créon, arrive trop tard pour la sauver et Créon se tue à son tour. C'est le destin funeste de cette lignée, réactions en chaîne à son acte, déclenché par celui de Créon auparavant.

Rappelons qu'Antigone est la fille dévouée d'Œdipe qu'elle accompagne après son exil. Sa sœur Ismène, ses frères et elle-même sont donc le fruit de l'union incestueuse qu'il a eue avec Jocaste, sa propre mère, après avoir tué son père Laïos, le tout dans l'ignorance de son destin qu'il accomplit malgré lui, à son insu.

«Fille d'un mariage aberrant, elle ne peut que porter le poids d'un fardeau insoutenable, celui d'avoir un jour à poursuivre, dans le destin d'une autre naissance, la filiation de toute la lignée de Cadmos[34]. »

Digne fille et sœur de son père, Antigone est fidèle et aimante jusqu'à l'intransigeance. De par son attitude radicale, elle refuse de se soumettre à une loi qu'elle récuse, qui lui ferait accepter une différence entre ses frères dans la mort et entre les lois divines et terrestres.

Exemplaire sur le plan de l'éthique, elle défie la loi et son destin, tout en le réalisant ; c'est le « parcours vers la mort d'une fille d'Œdipe[35] ».

Ces mythes frappent l'imaginaire en mettant en scène de manière inquiétante et troublante des scénarios tragiques, métaphoriques du destin des pulsions et fantasmes inconscients. C'est ce que Freud découvre avec son analyse du complexe d'Œdipe, à partir de la tragédie de Sophocle.

Les relations fraternelles incestueuses

La littérature décrit aussi des relations de complicité et de solidarité et des amours entre frères et sœurs.

Toutefois, dans ces relations, l'enjeu des effets de la sexualisation, entre découverte amicale et affrontement, peut engendrer la contrainte et le rapport de force. Le rapport est alors marqué de violence et d'abus.

Il est frappant de constater combien de relations incestueuses de ce type sont relatées en clinique. Les frères abusant leurs jeunes

---

34. George Leroux, « Sang commun, sang fraternel... L'espace d'Antigone et les apories de la différence », dans Louise Grenier et Suzanne Tremblay, *Le projet d'Antigone*, Montréal, Liber, 2005, p. 45.
35. Sous-titre du livre de L. Grenier et S. Tremblay, *op. cit.*

sœurs sont légion. Ces relations sont traumatiques pour les petites filles qui subissent la sexualité débordante de leurs frères, imposée à leur petite enfance. Elles vivent une grande souffrance et gardent quelquefois des séquelles tenaces.

Relatée par Michèle Ouimet dans *La Presse*[36] du 22 juin 2009, une sœur lui raconte son histoire familiale. Plusieurs de ses sœurs, elle ne sait pas combien, sont agressées par leur frère aîné; elle aussi. «J'ai gardé cette boule à l'intérieur de moi. Quand je faisais l'amour avec un homme, je pensais à mon frère.»

Michèle Ouimet reçoit un autre témoignage où l'amour est encore là, mais le silence complice de la mère est insupportable: «Lucie n'en veut pas à son frère. "Je l'aimais beaucoup", dit-elle. Par contre, elle en veut à sa mère. Une immense colère. Elle savait que son fils touchait ses filles. Elle n'a rien dit. Jamais. Lucie l'a appris peu de temps après la mort de son père. [...] Elle jure qu'elle est heureuse avec son mari et ses enfants, mais les souvenirs sont là, tenaces. Ils lui collent à la peau. Elle n'arrive pas à oublier les assauts de son frère et le silence de sa mère. Surtout le silence. Ils empoisonnent sa vie. Elle croit qu'en parlant, elle réussira à évacuer la colère qui l'étouffe.»

Ici, il est important de souligner que les parents n'ont pas su faire barrière à l'intrusion du frère. Si la mère est souvent blâmée, le père joue un rôle non négligeable. Son attirance incestueuse plus ou moins consciente, mais envahissante dans l'atmosphère familiale, pourrait bien être agie par les fils, si le père ne joue pas son rôle essentiel d'interdiction. Rompre le silence est alors salutaire.

---

36. Michèle Ouimet, «Le silence coupable», *La Presse*, Montréal, le 22 juin 2009.

En psychothérapie ou en psychanalyse, bien des années après, des femmes viennent dire leur souffrance se déchargeant du poids du silence.

Pendant leur enfance, Émilie est agressée par son frère aîné qui la menace si elle ose le dire aux parents. Sandrine est violée par un frère alors qu'elle est adolescente.

Climat familial inconsciemment incestueux? Une atmosphère chargée, des secrets familiaux et la pulsion des adultes semblent contaminer les enfants qui agissent de manière compulsive.

Cette répétition d'actes incestueux imposée par les frères est plus fréquente qu'on ne le pense. Elle produit quelquefois des effets dévastateurs sur la sexualité des petites filles à cause notamment du non-dit et de ce qu'il suppose derrière. Selon Jaitin, «l'indifférenciation entre les générations, les défaillances de l'enveloppe familiale et la non-reconnaissance du frère comme autre» sont «les marqueurs de l'inceste fraternel[37]».

Serait-ce la substitution du fils au père qui déclenche cet agir? En tout cas, il est destructeur. Jaitin conclut: «L'inceste agi détruit le lien et est un meurtre du frère comme autre[38].»

Ainsi, le lien de destruction de l'autre, tel qu'illustré par le meurtre d'Abel par Caïn, se trouve dans ce type de relation, avec la complicité inconsciente du père et de la mère et la culpabilité écrasante qui s'ensuit.

---

37. Jaitin (2004), cité par Kaës, p. 127.
38. Jaitin (2004), cité par Kaës, p. 128.

Totem et tabou[39] : la République des frères

Le livre de Freud, *Totem et tabou*, aborde la question du fraternel comme lien social. Cet essai est un mythe psychanalytique plutôt qu'une étude anthropologique (qui, en elle-même, ne serait pas crédible[40]). L'histoire est édifiante et ce qu'il en retire, fécond.

«Freud a essayé de lui donner un fondement historique (préhistorique), dit Octave Mannoni. Il a imaginé un mythe : *un jour*, les fils tuèrent le père primitif et le mangèrent, il s'ensuivit une nouvelle organisation sociale *fondée sur la culpabilité*[41].»

Le Père tout-puissant de la horde primitive possède tous les biens et les pouvoirs, ne laissant rien aux fils. Excédés, ils s'allient pour le tuer.

Puis, pris de remords, ils se réunissent autour d'un repas totémique au cours duquel ils le mangent, incorporant ainsi sa force et sa puissance, pour faire du culte du père mort les bases d'une société plus civilisée. En le mangeant, ils réalisent leur identification à lui, en s'appropriant ses qualités.

Le père mort devient alors symbolique et garant d'un ordre social, permettant à tous de bénéficier de leurs droits et d'échapper à la tyrannie et à l'arbitraire. Il est important de souligner que cet ordre social, auquel le père ne se soumet pas de son vivant, règne par sa mort et la culpabilité des fils qui le font respecter.

La compétition entre les frères est dépassée au profit d'une alliance pour tuer *symboliquement* le Père tout-puissant et chef de la horde primitive. Les frères peuvent fonder ainsi une société démocratique basée sur l'interdit du meurtre et du parricide.

---

39. Sigmund Freud, *Totem et tabou*, Paris, Petite bibliothèque Payot, 1977.
40. Claude Lévi-Strauss, *Le totémisme aujourd'hui*, Paris, PUF, 1962.
41. Octave Mannoni, *Freud*, Paris, Seuil, p. 145-150.

Pour conclure

> *Et si arrive cette aisance dans la situation à trois,*
> *en remplacement de la situation à deux, le sens de*
> *la famille et de la société est né pour le sujet.*
> *Le sujet se sent libre et laisse les autres libres.*
>
> Françoise Dolto

Le frère est donc objet d'identification et de projection, mais aussi de *désidentification*. L'agressivité est vécue au moment où il se reconnaît dans une image étrangère, anticipant sur sa propre unité corporelle ; il se constitue comme entité séparée, tout en cherchant à se distinguer dans la différence avec l'autre.

Si ce frère est l'aîné, il fait l'objet d'une émulation, devient un modèle et suscite curiosité et envie à la fois. Quand il est plus jeune, en particulier quand il vient de naître et qu'impuissant et vulnérable, il tire en arrière son grand frère, qu'il entraîne vers la régression, le plus âgé cherche à se faire reconnaître et gratifier par ses parents à travers ses progrès. Il cherche à se faire « narcissiser ».

La jalousie est donc un effet de ce rapport identitaire en miroir. Si les parents ont une préférence pour l'un ou pour l'autre, ils font flamber les enjeux entre leurs enfants. Françoise Dolto nous apprend que les parents peuvent mal interpréter les réactions d'évitement de l'aîné envers le nouveau venu et amplifier le problème de rivalité entre eux.

Mais si tout se passe bien, s'ils ont intégré le passage du deux au tiers dans la socialisation, les frères devraient se comporter et s'aimer comme des frères. Ils pourraient donc bien s'entendre et même mener des entreprises communes, comme on le voit dans les commerces traditionnellement familiaux, tout en tenant compte des moments de rivalité inévitables dans le respect de l'autre. C'est sur cette base qu'est édifiée notre société et qu'on appelle la démocratie.

Les relations entre amis sont une variation sur ce mode, entre amour et haine, rencontre et rupture, idéalisation et déception, solidarité et rivalité, conflits similaires aux relations fraternelles, avec leurs différences qui sont élaborées dans le prochain chapitre.

Troisième chapitre

L'amitié, les copains d'abord

L'amitié inconditionnelle : amis et copains

> *L'amitié est en effet une certaine vertu, on ne va pas sans vertu :*
> *de plus, elle est ce qu'il y a de plus nécessaire pour vivre.*
> *Car sans amis, personne ne choisirait de vivre, eût-il tous*
> *les autres biens [...]. Et dans la pauvreté comme dans toute autre*
> *infortune, les hommes pensent que les amis sont l'unique refuge.*
>
> Aristote, *Éthique à Nicomaque*[42]

Comme dit le dicton, on choisit ses amis, mais pas sa famille. Durant l'enfance, l'adolescence et la vie adulte, les amis, les copains (comme dans la chanson de Georges Brassens) ont une très grande importance pour les garçons et les hommes. La relation d'amitié accompagne tout au long de la vie la représentation qu'un homme se fait de lui-même et des autres. Elle guide ses actions et détermine son image de lui-même et ses relations affectives. La notion de choix, d'élection même, est centrale à ce lien.

---

42. Cité par Danielle Brun, *La passion dans l'amitié*, Paris, Odile Jacob, 2005, p. 16-17.

À l'école primaire, celui qui n'a pas d'amis est vraiment démuni et très malheureux. C'est la pire chose qui puisse lui arriver. Il se trouve fort vulnérable et pourrait même devenir victime d'intimidation. Quand il a des amis, ils font corps autour de lui pour prévenir les attaques des autres et le défendre. Autant dire, encore une fois, que l'identité se construit par rapport à l'autre : le copain, l'ami, le frère. Toutefois, avec les « amis », comme on l'enseigne dès la garderie, c'est socialisation qui s'articule à cette relation identitaire. À l'adolescence, c'est par le groupe que se négocient les enjeux importants.

Le jeune se réfugie auprès du groupe pour prendre des forces, se défendre contre sa propre vulnérabilité, très grande à cet âge. Alors il se crée une carapace ; c'est ce que Françoise Dolto appelle le « complexe du homard » : dur à l'extérieur, tendre une fois la carapace percée. Et ce sont les autres qui font rempart autour de lui, jusqu'à ce qu'il puisse s'aventurer à l'extérieur. À l'inverse, le groupe peut détruire sa confiance en lui-même et, le laissant sans protection extérieure et intérieure, lui nuire cruellement.

La populaire émission *Les Invincibles* a apporté une belle illustration de cette manière de vivre dans le groupe, mais aussi de ses effets pervers. Les gars se fondent dans le groupe et celui-ci les renforce, mais quelquefois aussi il contribue à les laisser fuir leurs responsabilités et à reporter une entrée déjà tardive à l'âge adulte.

La relation avec les amis et les copains est une variation des thèmes développés dans le chapitre précédent à propos de la relation entre frères. Après tout, les jeunes s'appellent bien *Bro* (abréviation de *brother*), entre amis...

En ce qui concerne l'amitié entre hommes, elle est essentielle à l'édification de l'identité masculine et à l'épanouissement des relations entre eux. Aujourd'hui au Québec, comme ailleurs et auparavant, les hommes pansent-ils les plaies que les femmes leur infligent auprès de leurs amis?

Des exemples d'écrivains célèbres, de héros de bandes dessinées et de l'émission *Les Invincibles* sont analysés pour comprendre les enjeux dans la dualité, le groupe et la société, de l'amitié masculine.

Montaigne et La Boétie

Si on me presse de dire pourquoi je l'aimais, je sens
que cela ne peut s'exprimer qu'en répondant:
«Parce que c'était lui; parce que c'était moi.»
Michel de Montaigne[43]

L'amitié célèbre entre Montaigne et La Boétie au XVIᵉ siècle est le meilleur exemple d'illustration de ce lien d'élection idéalisée en littérature. Montaigne décrit ainsi cette intrication des désirs et des âmes: «Au demeurant, ce que nous appelons ordinairement amis et amitiés, ce ne sont qu'accointances et familiarités nouées par quelque occasion ou commodité, par le moyen de laquelle nos âmes s'entretiennent. En l'amitié de quoi je parle, elles se mêlent et confondent l'une en l'autre, d'un mélange si universel qu'elles effacent et ne retrouvent plus la couture qui les a jointes. Si on me presse de dire pourquoi je l'aimais, je sens que cela ne se peut exprimer qu'en répondant: "Parce que c'était lui; parce que c'était moi[44]."»

Le lien d'amitié est décrit justement par ce rapport si particulier où les âmes se confondent tant qu'on ne peut plus distinguer

---

43. Cité par Danielle Brun, *op. cit.*, p. 31.
44. Michel de Montaigne, «De l'amitié», *Essais*, Livre I, XXVIII.

la couture qui les lie... L'autre est moi, et je suis en l'autre. Cependant, le fait qu'en amitié la personne est choisie plutôt qu'imposée comme un frère rend le lien plus fort et mystérieux à la fois. Aussi, l'idée que les personnes se sont *trouvées* parmi toutes les autres, que leur relation, spéciale et unique, est très prégnante. C'est le coup de foudre, le choix de l'inconscient, il comporte sa part d'illusion et, parfois, de désillusion.

Aristote dit que l'ami est un miroir qui permet de se voir tel que l'on est; le seul ami véritable est l'ami vertueux. Celui-ci permet aux amis de voir leur vertu progresser et ils accèdent ainsi au bonheur. «L'amitié est un souffle frais», dit Alberoni[45].

Les propos de Montaigne pourraient rappeler le coup de foudre amoureux. Or, il a été cruellement séparé de son ami cher par la mort précoce de celui-ci à 33 ans. Est-ce la raison pour laquelle la relation semble idéalisée? Après le coup de foudre, le décès prématuré aurait causé un «intense sentiment» de perte, pense Danielle Brun: «Ce ne peut être que la pression exercée par un intense sentiment de perte qui mène Montaigne à expliquer ce que cette amitié a eu d'irremplaçable et d'unique, à commencer par le coup de foudre de leur rencontre[46].»

Autrement dit, le sentiment d'amitié serait intensifié et rehaussé *a posteriori* par la mort et le deuil de l'ami. La nostalgie grandit et embellit le souvenir. Mais ce n'est que la belle face de la médaille de l'amitié, qui n'est pas sans comporter ses ambivalences et ses conflits quelquefois très douloureux.

---

45. Francesco Alberoni, *L'amitié*, Paris, Pocket, 1995, p. 158.
46. Danielle Brun, *op. cit.*, p. 23.

Freud et Fliess

C'est toi qui es l'unique autre, l'alter.

Sigmund Freud[47]

Ce sentiment d'unicité et le coup de foudre, Freud les a vécus au cours d'une intense amitié passionnelle et de son autoanalyse avec Wilhelm Fliess, un otorhinolaryngologiste juif allemand, de deux ans plus jeune que lui, qu'il rencontre par l'intermédiaire de Joseph Breuer. La relation est surtout épistolière. Ils échangent une longue correspondance, de 1887 à 1902.

L'intérêt qu'il lui porte est immédiat. L'abandon avec lequel il lui parle, l'affection manifeste et spontanée, l'admiration sans bornes rendent cette relation unique pour Freud. Le ton des lettres rappelle son amitié avec Eduard Silberstein et la correspondance échangée avec ce dernier dès l'adolescence; Freud avait compris la teneur de ses premières amours à travers cette correspondance. L'intimité dévoilée à son ami et confident et la fonction introspective du récit qu'il lui en fait donnent le ton du rapport qu'il développe par la suite dans sa correspondance avec Fliess.

Même si, dans son abondante correspondance ultérieure, il confie des pensées très personnelles et se livre à des associations libres[48], Freud n'a plus jamais manifesté cet élan ni ce degré de confiance en aucun de ses collègues et amis par la suite.

---

47. *Lettres de Sigmund Freud à Wilhelm Fliess* (lettre 42), Paris, PUF, 2006, p. 97.

48. La libre association est «le procédé constitutif de la technique psychanalytique»; c'est une «méthode qui consiste à exprimer sans discrimination toutes les pensées qui viennent à l'esprit [...] à partir d'un élément donné (comme un rêve) ou de façon spontanée». (J. Laplanche et J.-B. Pontalis, *Dictionnaire de la psychanalyse*, Paris, PUF, 1967, p. 228.)

Ces lettres ressemblent à la fois à un journal intime, à des notes de travail, à des esquisses, puis à une psychanalyse. Elles sont ponctuées des premières analyses de ses rêves, de réflexions sur sa famille, ses enfants et ses collègues, sur la mort et ses tentatives de fumer moins de cigares. Il y commente beaucoup ses travaux et le bouillonnement de ses idées, faisant de Fliess son premier interlocuteur quand il lui livre ses associations libres et élabore ses pensées et théories.

Le lecteur a accès à tous ces moments de leurs vies et de leurs discussions passionnées à propos de leurs recherches en cours sur la bisexualité et la sexualité. Fliess s'intéresse à la périodicité supposée d'un cycle masculin de vingt-trois jours, analogue, selon lui, au cycle menstruel de vingt-huit jours des femmes.

Au début de cette correspondance, ils sont âgés respectivement de vingt-neuf et trente et un ans, un moment d'ouverture et d'effervescence dans leur vie. Freud vient d'être père pour la première fois, et Fliess se marie. Durant ces années, ils ont chacun cinq enfants, dont Anna Freud et Robert Fliess, futurs psychanalystes et nés la même année (en 1895), celle où Freud découvre l'inconscient. Il dira même que sa grande découverte précède de six mois la naissance d'Anna, née sous le signe de cette révélation. Elle en fera son métier aux côtés de son père, puis à sa suite.

Dix ans après le début de la correspondance, en 1897, Freud entame un autre chapitre du dévoilement de son intimité et de son inconscient. Elle constitue son autoanalyse. Fliess devient psychanalyste avant la lettre, la relation d'amitié intense se transformant en *transfert*. Freud vient de perdre son père, l'épreuve la plus difficile dans la vie d'un homme, confie-t-il à Fliess. C'est à ce dernier qu'il adresse ses associations libres et ses théorisations. Il publie *L'interprétation des rêves* en 1899, qu'il date de 1900, anticipant sur le XXe siècle, rédige son compte rendu du cas de Dora. Il vient tout juste de renoncer à sa théorie de la séduction, selon laquelle les enfants névrosés le sont parce qu'ils ont été abusés par leur père. Pour la construction de cette conception, il passe par son élaboration personnelle concernant son rapport avec son père et s'interroge ouvertement, puis conclut que non, son père n'était pas pervers! Il faut se représenter ces médecins sérieux et bourgeois, bons pères de famille du XIXe siècle[49] parler aussi librement de l'inconscient et de la sexualité. Il est vrai que c'est vraiment de leur époque ce mélange de genres!

Et, bien sûr, le travail sur son propre inconscient est remarquable et inédit; Freud inaugure ce mode d'élaboration sur son histoire et sur ses rêves.

La relation par correspondance est propice à ce type d'emballement où l'imaginaire s'enflamme et embellit le correspondant de qualités qu'il lui attribue. Ils habitent deux villes différentes, deux grandes capitales européennes: Freud à Vienne et Fliess à Berlin. Très occupés par leurs métiers et leurs familles, ils ne se rencontrent qu'à quelques reprises, la dernière fois en 1900.

Malheureusement ou inévitablement, la brouille vient ternir cette amitié passionnelle et la démarche d'autoanalyse. Ce conflit serait-il lié à la confusion dont parle Montaigne?

«Nos âmes [...], écrit-il, se mêlent et confondent l'une en l'autre, d'un mélange si universel qu'elles effacent et ne retrouvent plus la couture qui les a jointes.»

Au moment de récupérer son identité, il y a une confusion: qu'est-ce qui est lui, qu'est-ce qui est moi? Serait-ce la place que

---

49. Freud a vécu à cheval sur deux siècles. Il est né en 1856 et mort en 1938. Il a ainsi passé à peine plus d'années au XXe siècle qu'au XIXe siècle, mais ce sont ses années de création et de maturité.

Freud donne à Fliess, l'intensité émotionnelle due à la reviviscence de ses conflits infantiles, typiques du transfert psychanalytique, ou encore le génie qu'il lui attribue, du fait de ce transfert et de l'idéalisation qui en découle ?

Quoi qu'il en soit, c'est au moment où il formalise sa théorie sur la sexualité que la dispute prend force et s'enflamme. Le fantasme du vol des idées, si répandu chez les scientifiques, devient omniprésent. Fliess pense que Freud lui a pris ses idées. Il faut dire que leur relation était si proche qu'ils en venaient certainement à ne plus pouvoir distinguer leurs idées les unes des autres.

La relation tourne au vinaigre et c'est la rupture, irrémédiable. Freud brûle toutes les lettres qu'il a reçues de Fliess. Celles de Freud auraient été perdues si sa volonté avait été respectée. C'est en effet grâce à Marie Bonaparte, qui les a achetées malgré l'opposition de Freud, qu'elles ont été publiées, bien plus tard ; elles avaient été vendues après la mort de Fliess et elle les avait rachetées. Nous avons ainsi un témoignage passionnant et unique de la vie et des pensées intimes de Freud durant ces quinze années marquantes et très productives sur le plan de la pensée psychanalytique.

Cette longue correspondance est un témoignage très intéressant et touchant sur l'amitié et le transfert amical. On y trouve ces moments d'abandon et de confiance qui caractérisent la relation entre amis, le sentiment d'être pareils, d'être intimement, inextricablement liés, puis la brouille éventuelle qui semble inhérente. Est-elle évitable ? Pourrait-elle du moins déboucher sur une réconciliation ? Sûrement, mais seulement si la relation se déplace, devient moins fusionnelle, et que l'identité de chacun est mieux établie.

Jean-Paul Sartre, Albert Camus, Maurice Merleau-Ponty et les autres: l'amitié conditionnelle

Si le destin le veut, la postérité, sois-en sûr,
portera nos deux noms sur la liste des amis célèbres.

Montaigne

Ces moments d'unité suivis de brouilles éventuelles sont typiques de la relation d'amitié dès l'enfance, à l'adolescence surtout, mais aussi, comme pour Freud et Fliess, Montaigne et La Boétie, à l'âge adulte. L'amitié est cruciale dans la vie des hommes. Elle est un lien intime et duel, parfois dans le cadre d'une relation de groupe entre chums, potes, copains ou camarades, selon les contextes.

Le nuage qui vient obscurcir le ciel des amis se présente sous forme d'un obstacle qui vient s'immiscer dans cette relation idyllique. Un conflit d'opinions, d'idées ou d'idéaux, une dissension politique, une femme aimée de l'un ou même des deux, autant de motifs de mésententes qui peuvent devenir catastrophiques et mener à la rupture irrémédiable et douloureuse.

Jean-Paul Sartre avait beaucoup d'amis, de camarades et de compagnons, de compagnes, d'amantes. S'il a été généreux et fidèle – à sa façon –, s'il en a conservé plusieurs jusqu'à la fin de sa vie, il a aussi rompu avec certains de ses amis de jeunesse, surtout pour des raisons politiques, du moins en partie, par exemple au moment où il a rallié, comme «compagnon de route», le Parti communiste français. Le clivage a été brutal avec certains de ses amis et ils ont pris des routes divergentes, non sans accrocs et violentes sorties publiques de part et d'autre. Des amitiés ont ainsi été sacrifiées.

Sa polémique avec Albert Camus est connue ; elle a été publique. Grands écrivains devenus célèbres après la guerre, tous deux récipiendaires du prix Nobel[50], confondus – à tort – dans l'existentialisme, ils étaient impliqués non seulement dans des mouvements politiques, mais aussi amicalement dans des relations d'échanges intellectuels et politiques, des sorties et des fêtes à Saint-Germain-des-Prés. Leurs opinions les auraient-elles séparés, ou peut-être également, comme certains auteurs l'interprètent, une rivalité liée à leurs succès littéraires et auprès des femmes ? Annie Cohen-Solal, biographe de Sartre[51], pense que ce qui est en cause est moins une rivalité qu'un conflit d'opinion profond et, surtout, des différences insurmontables, notamment de personnalité et d'origine sociale. L'un est « méditerranéen[52] », issu des quartiers ouvriers d'Alger, l'autre « nanti[53] » et bien assuré de ses assises sociales bourgeoises. L'intransigeance de Sartre blesse Camus profondément.

Durant cette période au début des années 1950, Sartre est pris d'une rage dévastatrice contre le pouvoir et la bourgeoisie. « Un anticommuniste est un chien, je ne sortirai pas de là et n'en sortirai plus jamais. [...] Au nom des principes qu'elle m'avait inculqués [...], je vouais à la bourgeoisie une haine qui ne finirait qu'avec moi[54] [...]. »

Quand Albert Camus publie *L'homme révolté* en 1952, Jean-Paul Sartre commente durement l'essai. D'abord, il demande à

---

50. Albert Camus a reçu le prix Nobel en 1957, trois ans avant sa mort. Quant à Sartre, s'il a été choisi pour le prix, il l'a refusé en 1964.

51. Annie Cohen-Solal, *Sartre 1905-1980*, Paris, Gallimard, 1985.

52. Il parlait de sa « mesure méditerranéenne » (voir Annie Cohen-Solal, p. 437).

53. *Id.*

54. Ariane Chebel d'Appollonia, *Histoire politique des intellectuels en France (1944-1954)*, Bruxelles, Éditions Complexe, 1991, et Annie Cohen-Solal, *op. cit.*, p. 429.

Francis Jeanson, un nouveau collaborateur à la revue *Les Temps modernes*, d'écrire une critique virulente de l'essai, puis à la réponse blessée de Camus, il oppose des commentaires intransigeants et très blessants pour son ancien ami, attaquant à la fois sa personne et sa compétence.

«Un mélange de suffisance sombre et de vulnérabilité a toujours découragé de vous dire des vérités entières [...]. Mon Dieu, Camus, que vous êtes sérieux et pour employer un de vos mots, que vous êtes frivole! Et si vous vous étiez trompé? Et si votre livre témoignait simplement de votre incompétence philosophique?»

Ce dernier commentaire assassin démontre «le mépris et l'arrogance paternaliste de Sartre» qui font pendant à «l'admiration (et) à la rancœur de Camus», selon Annie Cohen-Solal[55].

Cette dispute publique met fin à leur relation jusqu'à la mort brutale d'Albert Camus en 1960, victime d'un accident de voiture. Il est vrai que cette joute publique n'est que la dernière étape de plusieurs désaccords. Camus était révolté de l'appui de Sartre au Parti communiste français; pour lui, la dénonciation des camps de travail en Union soviétique ne supportait pas de compromis. En signant *L'homme révolté*, Camus choisit son camp, celui de la révolte, selon Sartre pour qui c'est la révolution qui est à construire. «Il n'y a que deux camps» et il faut choisir; son appui pour l'URSS lui apparaît indispensable. Malheureusement pour lui, cet appui vient trop tard: les milieux intellectuels ont déjà pris leurs distances et il se rend à l'évidence à son tour au moment de l'entrée des Soviétiques à Budapest en 1956. Il se décrit ainsi: «Un homme qui s'éveille, guéri d'une longue, amère et douce folie[56].»

---

55. Annie Cohen-Solal, *op. cit.*, p. 435.
56. Jean-Paul Sartre, *Les mots*, p. 212, cité par Annie Cohen-Solal, *op. cit.*, p. 467.

Toutefois, en 1952, il pense que l'amitié ne compte plus face à des enjeux aussi sérieux et graves que l'engagement politique. Avec Camus, cette amitié était toujours teintée d'ambivalence et la réaction de Sartre, fort méprisante, reflète aussi cette ambivalence.

Reprenant les propos de Robert Gallimard, qui a su rester ami avec les deux, Annie Cohen-Solal conclut : « Une histoire d'amour manquée[57]. »

Cette brouille est typique des désaccords et des conflits de toute la période d'après-guerre, pendant la guerre froide. En ce sens, elle est emblématique d'une époque marquée par l'intransigeance de l'idéal.

Il est intéressant de voir que si, avec Maurice Merleau-Ponty, compagnon des jeunes années à l'école normale, le clivage se fait brutalement, pour les mêmes raisons et à la même période en 1952, l'affection demeure et la cassure crée une « blessure indéfiniment irritée ». Quand Merleau-Ponty meurt peu de temps après Camus, Sartre est plus affecté et nostalgique. Il écrit : « Nous nous [em]-brouillâmes parce que nous mettions la même ardeur à nous convaincre, à nous comprendre et à nous accuser. [...] Il est vrai [...] que c'est nous, nous deux, qui nous sommes mal aimés. Il n'y a rien à conclure sinon que cette longue amitié, ni faite ni défaite, abolie quand elle allait renaître ou se briser, reste en moi comme une blessure indéfiniment irritée[58]. »

Après la mort prématurée de Camus et de Merleau-Ponty, il rédige pour chacun un éloge funèbre magnifique, digne de Bossuet.

---

57. Annie Cohen-Solal, *op. cit.*, p. 437-438.
58. Annie Cohen-Solal, *op. cit.*, p. 561-562, et Ariane Chebel d'Appollonia, *Histoire politique des intellectuels en France (1944-1954)*, Bruxelles, Éditions Complexe, 1991, p. 149.

Ces controverses, ces disputes, ces relations passionnées sont typiques des écueils qui guettent les amis. Il y a une condensation des raisons de ces conflits, mais ce qui émerge, c'est que l'ami est mis en place d'un idéal et alors, c'est fatal, il ne peut que tomber de son piédestal. Il est aussi clair que la fonction identificatoire de l'ami, comme du frère, met la relation amicale et fraternelle en danger.

Tintin et le capitaine Haddock[59]

Dans la bande dessinée *Tintin*, l'amitié tient une grande place. Il s'agit plus de l'amitié inconditionnelle de l'enfance et de l'adolescence, dans un monde sans femmes. En effet, la Castafiore ne fait son apparition, comme personnage plus important, que tard dans la série. À ses débuts, Tintin paraît solitaire, il a des traits juvéniles et son seul ami est son chien Milou. Ils se sauvent l'un l'autre de tous les dangers, et la vie affective de Tintin semble se suffire de ce compagnon canin, fidèle par définition. Puis, il rencontre le capitaine Haddock. Entre ces deux personnages radicalement différents se noue une belle et grande amitié. Tintin est un reporter sympathique qui ne semble pas avoir de défauts; il est plutôt éthéré, un peu irréel, une figure neutre sur laquelle on peut projeter la personnalité qu'on veut. D'ailleurs, il peut se déguiser en personnages divers et variés.

Par opposition, le capitaine, haut en couleur et bien identifié, tranche par sa personnalité intempestive. Il est alcoolique, colérique et ses émotions sont à fleur de peau. Il se met à pleurer, à crier et à proférer toutes sortes d'injures, dont certaines sont cocasses.

---

59. Cette lecture des aventures de *Tintin* et de ses amis est basée sur ma connaissance depuis l'enfance de tous les albums imaginés par Hergé, mais tout aussi passionnante, sur la lecture des analyses qu'en fait Serge Tisseron, notamment *Tintin chez le psychanalyste* (Paris, Aubier Montaigne, 1985).

Les mots sont prononcés pour le plaisir de leur consonance et n'ont de rapport avec l'insulte que par son attitude et par ses gesticulations. Par exemple, il crie : mille milliards de mille sabords, marchand de tapis, bachi-bouzouk, choléra, australopithèque ou ectoplasme et troglodyte ou anacoluthe, des mots qu'on se répète, qui sont dans le dictionnaire. L'effet comique vient de la manière un peu surréaliste dont ils sont prononcés et mélangés.

Même si Hergé dit qu'il est tous les personnages qu'il a créés, c'est Archibald Haddock qui le représente le plus. Selon Numa Sadoul, il est « l'émanation onirique la plus ressemblante d'Hergé[60] ».

En bref, le capitaine est un homme colérique, complexe et tourmenté, mais très humain et bon. Le rôle de Tintin, dès le début, est de l'entourer, de le réconforter et, surtout, de le sauver, d'abord de lui-même et de son attirance irrépressible pour le whisky.

Puis, le professeur Tryphon Tournesol vient se joindre à eux et ils continuent à vivre ensemble leurs aventures, jusqu'à la lune ! Ils sont tous très différents les uns des autres, mais s'acceptent et se reconnaissent dans leurs différences.

Ils sont des amis sincères et fidèles. Le conflit n'entame pas leur solidarité et le danger vient, toujours de l'extérieur mais pas de l'intérieur, les souder contre l'ennemi et le mal. À la fin, ils vivent tous ensemble dans le château de Moulinsart, demeure des ancêtres du capitaine qu'il a pu racheter grâce au trésor volé à son aïeul, François de Hadoque, par Rackham le Rouge et retrouvé par nos aventuriers, heureux jusqu'à la fin des temps !

Jusqu'à l'arrivée de Bianca Castafiore, la chanteuse d'opéra, au château, ils vivent entre hommes, soudés et ligués contre les mé-

---

60. Cité par Serge Tisseron, *Tintin chez le psychanalyste*, Paris, Aubier Montaigne, 1985, p. 61.

chants, avec l'aide discrète et indéfectible de l'imperturbable majordome Nestor. Dans l'aventure dont elle est le centre d'où son titre, *Les bijoux de la Castafiore*, le cambrioleur des bijoux n'est pas un bandit mais une pie voleuse. L'aventure finit donc de manière ludique et drôle, dédramatisant les mésaventures des amis et incluant, bien que superficiellement, des femmes dans le domaine de Moulinsart : la Castafiore et sa femme de chambre, Irma. Même Séraphin Lampion, le vendeur d'assurances, est là avec sa famille pour passer des vacances au château.

Les Invincibles

Nous retrouvons cette tentative de vivre entre hommes et sans conflits dans la série *Les Invincibles* (Radio-Canada, 2005-2009), écrite par le producteur Jean-François Rivard et François Létourneau (qui joue aussi l'un des quatre personnages principaux), et qui a été un grand succès télévisuel au Québec. Elle met en scène quatre jeunes hommes aux abords de la trentaine et leurs déboires avec la vie adulte en général et les femmes en particulier. Le public et les médias y ont d'ailleurs vu un reflet du malaise des hommes et de leurs rapports difficiles avec les femmes, et faisant écho aux films *Québec-Montréal* et *Horloge biologique* de Ricardo Trogi.

La première série a commencé en septembre 2005, la deuxième en janvier 2007 et la troisième a clôturé le cycle au printemps 2009. Les émissions, très bien faites, remportent un franc succès. Percutantes et drôles, elles comportent une part de suspense qui maintient l'intérêt d'un public fidèle. Elles ne sont pas exemptes d'ironie et d'autodérision, même si cela n'apparaît pas clair au début.

L'histoire commence avec le pacte des quatre copains ; ils ont vingt-sept ou vingt-huit ans (l'âge réel des acteurs et des auteurs). Ils décident, pour profiter de leur jeunesse, de laisser tomber leurs copines et la vie de couple. Comme signature de leur pacte, chacun arbore une montre bleue, délibérément visible et voyante, achetée vraisemblablement dans un magasin d'un dollar, selon les auteurs. Ils doivent rompre leurs relations avec leurs blondes[61] le lendemain même.

À travers diverses péripéties, les personnages paraissent de plus en plus lâches et menteurs. Les auteurs ne leur font aucune concession. Il s'avère, par exemple, que, dès le début, Carlos, le plus soumis à sa conjointe, n'arrive pas à remplir sa mission et ment à ses chums. Le couple qu'il forme avec Lyne dite la-pas-fine est peu sympathique. Elle le mène par le bout du nez et il obéit, tout en lui cachant ses infidélités au code qu'elle lui impose. Il finit d'ailleurs par la laisser en plan le jour de leur mariage; il la trompe et fait un enfant avec une femme en apparence plus compréhensive, du moins au début de la relation. Il s'avère par la suite qu'elle exploite aussi sa gentillesse ou sa soumission. Carlos est la caricature du bon gars, qui fait ce qu'on lui demande, mais en apparence seulement car il profite de la moindre occasion pour se défiler.

Rémi est l'artiste, le musicien du groupe; il est séducteur et séduisant, mais aussi menteur et alcoolique. À la fin, il cache à son amie l'argent qu'il reçoit en héritage de son père pour le dépenser compulsivement avec ses copains et d'autres filles.

Steve représente également un aspect de la dérobade masculine. Il voudrait s'engager et avoir un enfant, mais se sauve quand la relation devient trop sérieuse. Il a en outre des hésitations quant à son orientation sexuelle et finit par laisser tomber sa copine au moment où elle pense qu'il est prêt à s'engager dans une vie de couple et à avoir un enfant. De manière très cynique, il la mène en

---

61. Selon l'entrevue des auteurs et des acteurs avec Christiane Charette à la radio de la première chaîne de Radio-Canada le 8 janvier 2007.

bateau et quand elle pense qu'il va faire sa déclaration, il lui dit préférer les hommes.

Enfin, Pierre-Antoine, dit P-A, le plus complexe des quatre, apparaît d'emblée comme le moins sincère et le plus dénué de scrupules. Il doit être représentatif de ce que la série illustre puisque le comédien qui joue ce rôle, François Létourneau, est aussi un des deux auteurs de la série. Son rôle de psychologue atteint un niveau de cynisme rare! Il séduit l'amie de son père, provoquant la rupture avec ce dernier. Mais ce père, un personnage positif de la série, finit par pardonner tout, même si, au cours d'une scène du plus haut comique, il administre une fessée magistrale à son fils...

Les filles ne sont pas plus des personnages positifs, loin de là. Quand elles se liguent entre elles à leur tour, c'est pour ridiculiser, infantiliser et soumettre leurs chums et, finalement, pour se moquer d'eux et les laisser en plan. Quant à Lyne, elle n'est vraiment pas fine!

Il est amusant de noter que si ces personnages n'invitent pas ouvertement à l'identification, ils sont très humains parce que souffrants; ils se débattent dans la vie adulte en se comportant comme des adolescents.

Ce qui demeure étonnant, c'est qu'ils semblent représenter, à leur manière, comique et maladroite, une certaine image du masculin. Le public les trouve sympathiques parce qu'ils sont empêtrés dans leurs problèmes et, en quelque sorte, victimes de leurs conjointes, mais surtout de leur propre inconséquence et immaturité. Au dernier épisode de la série (en avril 2009), ils rompent le pacte qui les unit, à la demande de Carlos d'ailleurs, qui s'en repent aussitôt.

L'association des gars, la solidarité pour les petites cachotteries, c'est fini. Ils sont enfin parvenus à l'âge adulte chacun à sa manière et avec ses choix. Seuls.

L'émission est reprise en France ; les premiers épisodes sont déjà tournés et Lyne-la-pas-fine a pris le nom de Cathy-casse-couilles !

Une autre bande d'amis peu recommandables

Dans *Les doigts croches* de Ken Scott, film sorti sur les écrans au Québec durant l'été 2009, une autre variation de la bande de chums est mise en scène. L'action se passe dans les années 1960 et la bande de copains, de plusieurs générations, escrocs et un peu *losers*, est aussi l'histoire d'hommes qui tentent de détourner leur instinct véreux et qui sont en quête d'une vie plus honnête. L'effet comique et la force du film tiennent à leur présence constante en groupe. D'ailleurs, c'est la condition de leurs succès : ils ne peuvent se séparer, sinon ils n'auront pas leur récompense. Ils sont donc, tout le long du film, toujours ensemble, comme d'ailleurs durant le tournage pendant six semaines intensives en Argentine, pour leur plus grand plaisir, selon les interviews données au moment du lancement du film[62].

Ils essaient de « s'emmancher » ou de « s'arnaquer » les uns les autres, et en même temps, ils se comprennent et se complètent, en partie dans l'échec ; ce sont des *losers*, ne l'oublions pas. L'association entre eux est intéressante à observer. Malgré les coups bas, les petites et plus grandes trahisons, une certaine cohésion, même si elle est forcée, se maintient, envers et contre tout, y compris eux-mêmes, peut-être tant qu'ils n'ont pas d'autres perspectives...

---

62. Notamment à la radio et à la télévision de Radio-Canada durant la dernière semaine de juillet 2009.

Pour conclure

Au rendez-vous des bons copains,
Y'avait pas souvent de lapins,
Quand l'un d'entre eux manquait à bord,
C'est qu'il était mort.
Oui, mais jamais, au grand jamais,
Son trou dans l'eau n'se refermait,
Cent ans après, coquin de sort!
Il manquait encor.

Georges Brassens, *Les copains d'abord*

Comme dans la chanson de Georges Brassens, la bande d'amis est un espace important pour les hommes. Cette dimension est très présente dans l'imaginaire québécois où la solidarité entre copains, mais aussi les tiraillements inévitables, est centrale. Que ce soit au café du coin ou à la taverne, au hockey ou au soccer, un monde d'hommes est nécessaire pour se renforcer et se remonter le moral, ou pour s'y replier en cas de nécessité, comme les adolescents. Un monde où le conflit est occulté et où l'homme est soutenu dans son identité, y compris dans une certaine régression.

Il n'y a pas si longtemps, les tavernes excluaient les femmes; aujourd'hui, le plaisir du monde du sport au masculin est justement dans son exclusivité, un monde d'hommes. L'émission *Les Invincibles* commence avec le projet de rupture avec les copines. Ces moments semblent nécessaires aux hommes pour se ressourcer et vivre dans un monde entre parenthèses, sans femmes, pour une pause, un répit, et parfois même un rejet du féminin.

Pour poursuivre la psychanalyse du masculin, les relations amoureuses des hommes avec les femmes, d'abord comme amants, puis comme conjoints, sont abordées dans les deux chapitres suivants.

Quatrième chapitre

L'amant[63]

Ils marchent le regard fier,
Mes hommes,
Moi devant, et eux derrière,
Mes hommes
Et si j'allonge le pas,
Ils me suivent pas à pas.
Je ne leur échappe pas,
Mes hommes, mes hommes.

Où que je sois, ils sont là,
Mes hommes.
Je n'ai qu'à tendre les bras,
En somme.
Je les regarde venir,
Fière de leur appartenir.
C'est beau de les voir sourire,
Mes hommes.

Barbara, *Mes hommes*

---

63. Le titre de ce chapitre reprend celui de Marguerite Duras, en hommage à ce roman d'amour publié aux Éditions de Minuit en 1984 et pour lequel elle a reçu le prix Goncourt.

L'amoureux dans tous ses états

On ne sait comment appeler l'amant de nos jours. Est-ce le chum, le copain, l'amoureux ou l'ami de cœur? Pierre Foglia, du journal *La Presse*, parle de sa fiancée, jolie expression qui garde la fraîcheur et le charme des commencements[64]...

Ici, l'amant est décrit et analysé dans ses différents états. Après un rappel historique des notions d'amour, de passion et du triangle amoureux, une lecture de Freud sur la sexualité masculine et ses difficultés éventuelles, des exemples dans la littérature, la vie politique et le cinéma québécois illustrent cette évolution.

La recherche de l'unité : la moitié d'orange

Selon la définition de Platon, par la voix d'Aristophane dans *Le banquet*, l'amour est la recherche de l'autre moitié de soi-même, avec laquelle on était uni et dont on a été séparé. Il y avait, selon ce mythe, trois sortes d'humains : mâles, femelles et androgynes. Chaque être était une sphère avec quatre mains et pieds, deux sexes et deux visages sur une seule tête. Leur état de complétude et leur suffisance amènent Zeus à les séparer de force. Depuis, ils sont constamment en train de se rechercher pour se réunir.

L'amour serait donc la quête de son exacte moitié, la seule totalement correspondante. Une fois trouvée, un état de complétude insolente s'ensuit et on ne fait qu'un. Plus rien ni personne ne compte; par l'union avec l'autre, on est tout. Ce mythe décrit très bien la première phase de l'amour naissant, celle de l'idéalisation et de la fusion.

---

64. Au printemps 2009, au moment où le ministre Maxime Bernier oubliait des documents confidentiels chez Julie Couillard, celle-ci avait le titre « d'amie de cœur » à Radio-Canada.

Les amours sont-elles impossibles ?
Quelques exemples

Plaisir d'amour ne dure qu'un moment
Chagrin d'amour
Dure toute la vie.

Chanson populaire,
paroles de Jean-Pierre Claris de Florian

Dans la littérature, les amours sont plutôt tourmentées et contrariées. Les plus belles histoires sont les plus malheureuses ; en voici quelques exemples, partant de l'idée que l'imaginaire autour de celles-ci est prégnant encore aujourd'hui.

Ainsi, *Roméo et Juliette,* les amoureux célèbres de Shakespeare, voient les obstacles s'accumuler contre leur dessein. Tout se ligue pour les empêcher de s'aimer et de réaliser leur union, à commencer par les conflits entre leurs deux familles : les Capulet et les Montaigu. Les jeunes amoureux ne peuvent pas vivre l'un sans l'autre ; comme Tristan et Iseut, c'est la mort qui les réunit. Ce qui est en jeu dans cette tragédie, c'est le conflit entre l'amour et la haine.

Mais l'amour de Chimène et de Rodrigue, dans *Le Cid* de Corneille, finit par triompher, même si les obstacles semblaient insurmontables. Promis l'un à l'autre, puis amoureux, ils se trouvent face à une épreuve. Dilemme : Rodrigue doit choisir entre son amour pour Chimène et son honneur. Il décide de se battre pour venger son père et il tue le père de Chimène au cours d'un duel. Finalement, Rodrigue a l'occasion de se montrer providentiel pour le royaume et obtient le pardon du roi. Tout s'arrange pour les amoureux et ils peuvent se marier. Cette pièce est une tragi-comédie et non une tragédie parce qu'il y a une fin heureuse. L'élimination du père par l'amant y est peut-être pour quelque chose !

Dans *Un homme et son péché*, un roman de Claude-Henri Grignon écrit en 1932, mais dont l'action se passe à la fin du XIXe siècle dans les Laurentides, les amoureux ne réussissent pas non plus à s'unir, mais ils continuent à s'aimer. Dans cette œuvre très connue au Québec, la passion centrale de Séraphin Poudrier, un riche notable, est l'argent et le pouvoir. Il ne semble pas aimer autant sa belle et douce épouse. Donalda est prise, comme Chimène, dans un conflit cornélien. Elle doit choisir entre son amour pour son père et celui pour son amoureux, et c'est à son père qu'elle donne préséance. Elle délaisse Alexis et se sacrifie pour que son père rembourse sa dette envers Séraphin. Dans cette histoire, le père troque sa fille contre sa dette envers son futur gendre. Décidément, les beaux amoureux Donalda et Alexis n'ont pas de chance de vivre leur amour!

En 2002, Charles Binamé a réalisé un magnifique film à partir de cette histoire; il faut savoir que celle-ci a encore fait verser des torrents de larmes sur les amoureux séparés par les marchandages des notables et par la vie.

Ces exemples montrent la difficulté de réaliser l'union des amoureux dans la vie réelle. Les obstacles représentent la société, les familles et leurs intérêts divergents. Les pères y tiennent une place certaine comme on l'a vu dans *Le Cid*. Ainsi, Rodrigue et Donalda sacrifient leur amour pour sauver l'honneur des pères. Une manière de donner préséance au symbolique et à la famille, au détriment de la passion. Quant aux Capulet et aux Montaigu, leurs intérêts familiaux de clan priment sur le bonheur des jeunes amoureux, Roméo et Juliette.

Cette histoire a aussi traversé le temps sans une ride. Bien que les obstacles entre les amoureux, tels qu'ils sont présentés par Shakespeare, semblent aplanis dans nos sociétés moins clivées par les différences sociales et ethniques, elle fait toujours mouche et touche autant. Les nombreuses adaptations cinématographiques et théâtrales en témoignent.

Enfin, le mariage n'est pas nécessairement garant de l'amour; ce serait même le contraire pour Donalda, entre autres. La passion est plutôt contrariée et les amours sont malheureuses.

L'amour et l'Occident[65]

*Un beau conte d'amour et de mort
le roman de Tristan.
Nous avons besoin d'un mythe pour exprimer le fait
obscur et inavouable que la passion est liée à la mort.*

Denis de Rougemont

Le mariage n'est pas fondé sur la passion, selon Denis de Rougemont, même si elle pourrait s'ensuivre, ajoute-t-il plus tard. Dans un ouvrage qui fait date et donne lieu à de multiples interprétations, comme il le dit lui-même en 1972 au moment de la réédition du livre, il fait une distinction entre l'amour et la passion. À partir de l'analyse du roman de Tristan, «un beau conte d'amour et de mort[66]», il conclut que la passion n'est pas faite pour être réalisée ou assouvie, ni les amoureux unis. La quête d'Éros s'oppose au travail de Thanatos; elle se nourrit de cette recherche qui ne peut aboutir, car cesserait alors cette tension. Tristan empêcherait lui-même la réalisation de son union, pourtant tant désirée, avec Iseut, car les obstacles relancent cette forme d'attachement. L'amour s'avère donc impossible. Pour Denis de Rougemont, la mort seule unit les amoureux.

---

65. Denis de Rougemont (1939), *L'amour et l'Occident*, édition révisée, Paris, Plon, 1972.
66. Ainsi commence le roman de Tristan, cité par Annik Houel, *L'adultère au féminin et son roman*, Paris, Armand Colin, 1999, p. 15.

*Et quand il croit serrer
son bonheur il le broie,
sa vie est un étrange
et douloureux divorce,
Il n'y a pas d'amour heureux.*

Louis Aragon

Mais ce modèle n'est pas unique, dit Annik Houel, puisqu'il «fait l'impasse sur l'autre modèle moyenâgeux de l'amour courtois: l'amour heureux tel que le chante le troubadour[67]».

Quant au mariage, c'est une institution. Il repose, de ce fait, sur des éléments juridiques, sociaux, financiers et même politiques. C'est un contrat social. Il est intéressant de souligner la différence faite entre l'institution du mariage et l'amour passion. En effet, cette tension se révèle comme une difficulté dans la vie du couple aujourd'hui. La confusion entre la passion, la fusion sans conflits des débuts et la vie de couple – qu'on soit marié ou pas – crée des attentes difficiles à réaliser au moment de l'installation dans la durée et la vie quotidienne. C'est la raison pour laquelle cette différence est fructueuse pour la réflexion sur les amours d'aujourd'hui. Selon Jean Lemaire[68], certains amoureux n'arrivent pas à perpétuer leur union de façon durable; ils en restent toujours au commencement de l'amour naissant. Ils n'acceptent pas la déception, la limite causée par la chute de l'idéal, et abandonnent pour repartir faire un tour en quête de nouvelles amours.

---

67. Annik Houel, *op. cit.*, p. 15.
68. Jean Lemaire, *Le couple: sa vie, sa mort*, Paris, PUF, 1980.

Don Juan, ou l'éternel séducteur

Or, la psychanalyse nous a appris ceci: lorsque l'objet originaire d'une motion de désir s'est perdu à la suite d'un refoulement, il est fréquemment représenté par une suite infinie d'objets substitutifs, dont aucun ne suffit pleinement.

Sigmund Freud[69]

La figure de Don Juan est celle du séducteur qui cumule les conquêtes. Aussitôt qu'il en a une, il s'en détourne. Il lui en faut une autre à séduire et à mettre dans son lit. Il franchit tous les obstacles pour aboutir, dans la recherche de la jouissance du moment, contestant la morale sociale et la religion, défiant l'autorité et les autres hommes: les maris, les pères, les frères.

Sa quête est éperdue, infinie et destructrice. Il ne peut choisir, en aimer une seule. Mille et trois femmes, autant dire, aucune. Est-ce la peur, une haine des femmes? Serait-ce que l'objet du désir refoulé ne se laisse substituer à aucun autre? Ou qu'il aimerait secrètement les hommes, agissant ainsi une homosexualité refoulée? Cette figure de la sexualité masculine est bien connue et suscite bien des fantasmes, des productions littéraires et artistiques ainsi que des analyses.

Le film *Alfie*[70] met en scène un séducteur des temps modernes qui accumule les conquêtes. Mais la défaillance le guette et même s'il déclare à une fille que c'est la première fois qu'il est impuissant, elle lui répond que ce n'est pas ce qu'on dit en ville! La peur des femmes se manifeste donc à son corps ou à son sexe défendant.

---

69. Sigmund Freud, «La psychologie de la vie amoureuse», dans *La vie sexuelle*, Paris, PUF, 1969, p. 64.
70. Le film *Alfie* (1966) de Charles Shyer avait pour acteur principal Michael Caine. En 2004, Jude Law reprend le rôle sous la direction de Lewis Gilbert.

La maman et la putain: le clivage de l'objet dans la sexualité masculine

Selon Freud, une des figures de la sexualité masculine est représentée par le clivage de l'objet entre les courants tendre et sensuel. En d'autres termes, s'il ne peut les concilier dans l'amour d'une seule femme, l'homme pourrait choisir des femmes selon deux prototypes opposés et complémentaires. Il sépare alors ses désirs sexuels de ses investissements affectifs, en choisissant – inconsciemment – des femmes qu'il désire et d'autres qu'il aime. Cependant, c'est une lutte constante à l'issue incertaine, puisqu'il s'attache à celles qu'il désire et rabaisse, et désire celles qu'il aime.

En effet, quand il devient adolescent, le garçon qui adorait sa mère et qui a dû y renoncer, comme on l'a vu dans le cas du «Petit Hans[71]», vit sa sexualité selon deux courants, dit Freud, le courant tendre et le courant sensuel. Le courant tendre, reliquat de l'amour pour la mère, se rapproche trop de l'objet interdit et lui rappelle vivement celle-ci. Si le désir incestueux refoulé est encore trop vivace et agissant, il deviendra menaçant à cause du surmoi et le désir pour une femme au présent rappellera l'amour pour la mère. Il ramène également la peur du père, qui est intériorisée par le biais du surmoi. L'homme s'éloigne alors sexuellement de cet objet dangereux, auquel il garde son affection et son respect. Sinon, à l'instar d'Alfie, il court le risque de l'*impuissance psychique*, son sexe répondant pour lui: «Alerte! Danger!»

L'homme, à qui cet événement désagréable arrive, découvre tout de suite une des composantes de sa défaillance: elle ne lui arrive qu'avec certaines femmes. Un «empêchement intérieur» le bloque

---

71. Voir le premier chapitre pour une description plus étendue de l'histoire du Petit Hans et de sa psychanalyse avec Freud, par l'intermédiaire de son père.

et, par la suite, il pense, à tort, dit Freud, que c'est le souvenir de ce premier échec qui l'empêche ultérieurement de faire bonne figure.

Le courant tendre (envers l'aimée vierge ou l'épouse) se dissocie du courant sensuel (envers la maîtresse sexy), où le porte son désir. Sa sexualité n'est alors pas «normale[72]», dit Freud. Il rabaisse la femme avec qui il vit sa sexualité et porte aux nues celle envers qui il éprouve de la tendresse. Cependant, cet équilibre est instable, puisque l'amour et le désir sont proches et ne se laissent pas cliver si facilement!

Sa sexualité est donc perturbée quand elle le ramène inconsciemment, mais inexorablement, à l'amour incestueux auquel il ne renonce pas vraiment...

Le roman de l'adultère: *Madame Bovary et les mœurs de province*[73]

> *N'est-elle pas plus morale, l'union libre de deux amants qui s'aiment, que l'union légitime de deux êtres sans amour?*
>
> Georges Feydeau, *La dame de chez Maxim*

Depuis le XIXe siècle, l'amant[74] est opposé au mari dans le triangle amoureux dépeint par de multiples œuvres littéraires et théâtrales, puis cinématographiques. Madame Bovary demeure célèbre comme figure de l'adultère, et le parfum de scandale suscité par le succès de son premier roman mène Gustave Flaubert en correctionnelle. Il est jugé pour «outrage à la morale publique et religieuse et aux bonnes mœurs», mais il est finalement acquitté.

---

72. Freud, *op. cit.*, p. 56 et 57.
73. Gustave Flaubert (1857), *Madame Bovary et les mœurs de province*, Paris, Folio classique, 2001.
74. Voir à ce sujet le livre d'Annik Houel, *L'adultère au féminin et son roman, op. cit.*, auquel ces passages font particulièrement référence.

Paru en 1857 d'abord sous forme de feuilleton, le roman remporte un immense succès qui témoigne d'un très grand intérêt pour le genre.

Emma Rouault épouse Charles Bovary, qui est veuf, mais elle s'ennuie dans la vie conjugale de province qui ne ressemble pas à ce qu'elle en espérait. Ses lectures romantiques lui avaient fait miroiter autre chose que cette vie plate et étouffante ; elle attend de son mari plus d'intérêt, d'attention et de passion. Charles Bovary l'aime et la désire, il n'y a pas de doute, mais à sa façon, et donc pas de la manière qu'elle escompte. À moins que son rôle de mari ne soit incompatible avec ce qu'elle en attend...

Elle prend un amant ; elle se transforme et s'épanouit. Dans un moment d'intense excitation et de plaisir, elle se répète : «J'ai un amant ! Un amant ! se délectant à cette idée comme à celle d'une autre puberté qui lui serait survenue. Elle allait donc posséder ces joies de l'amour, cette fièvre du bonheur dont elle avait tant désespéré. Elle entrait dans quelque chose de merveilleux où tout serait passion, extase, délire[75].»

La passion, avec son extase et son délire, est ici clairement opposée à la vie conjugale et à son manque d'éclat. Elle rejoint ainsi les sœurs, les héroïnes des romans qu'elle avait lus : «Alors, elle se rappela les héroïnes des livres qu'elle avait lus et la légion lyrique de ces femmes adultères se mit à chanter dans sa mémoire avec des voix de sœurs qui la charmaient[76].»

L'amour romanesque l'enchante et la conforte dans l'opposition entre le mari et l'amant : «Plus elle se livrait à l'un, plus elle exécrait l'autre ; jamais Charles ne lui paraissait aussi désagréable,

---

75. *Madame Bovary*, *op. cit.*, p. 232.
76. *Id.*

avoir les doigts aussi carrés, l'esprit aussi lourd, les façons si communes qu'après ses rendez-vous avec Rodolphe.»

Le clivage entre les deux figures masculines du mari et de l'amant montre bien leur complémentarité inconsciente. Quand elle aime Rodolphe, Charles l'exaspère à mort: «Tout en lui l'irritait maintenant, sa figure, son costume, ce qu'il ne disait pas, sa personne entière, son existence enfin[77].»

Malgré les délices de leurs rendez-vous secrets, Rodolphe prend peur de l'ampleur de son engouement et alors qu'elle voudrait fuir avec lui, il met fin à leur liaison.

Un autre amant plus tard, la fin est triste mais inéluctable; elle signe la fin de ses aventures et de sa vie. Insatisfaite et ruinée, elle se suicide à l'arsenic. Son mari, découvrant les preuves de son infidélité, meurt de chagrin. Leur fille est recueillie par une tante qui ne l'aime pas; elle vit pauvrement et travaille dur dans une filature. L'histoire ne pouvait que finir dans le malheur, la moralité devant être préservée. Mais c'est surtout la nature même de la passion d'Emma qui est en cause, sa difficulté à se séparer, la relation demeurant sous le signe de la fusion, de l'illusion et de l'idéalisation. Les risques de la liaison et la culpabilité font le reste de la trame de l'histoire et son issue fatale.

L'amour dans l'histoire d'Emma Bovary est insatisfaisant de manière structurelle, puisqu'il ne peut s'inscrire dans la conjugalité. À moins qu'Emma ne puisse qu'être insatisfaite... Le mari bourgeois est ennuyeux, un peu idiot, même s'il est médecin. S'il se laisse berner et ruiner par son épouse, c'est surtout parce qu'il ne la comprend pas et ne répond pas à ses attentes romanesques. Il ne peut être aimé, comme Rodolphe ou Léon, tout simplement

---

77. *Id.*, p. 259.

parce qu'il occupe une autre place, celle du refoulement. Il ne voit rien et se laisse duper. L'amant a également sa fonction qui est plus ou moins éphémère. S'il devenait un mari, ou du moins s'ils s'enfuyaient ensemble, comme elle le demande à Rodolphe, il deviendrait tout aussi peu désirable que Charles Bovary.

Rodolphe décide d'ailleurs de quitter sa maîtresse après quatre années d'idylle torride. Il finit par s'ennuyer de ses larmes et de ses demandes répétées de s'enfuir avec lui. Ses lettres et ses photos rejoignent ainsi celles des précédentes maîtresses, et chacun poursuit sa vie et ses amours clandestines de son côté. Ce qui ne veut pas dire qu'il ne l'aime pas ni ne la désire. C'est que cette liaison ne peut s'inscrire autrement, c'est la logique de l'adultère dans la société bourgeoise de l'époque.

Quant à sa liaison avec Léon, qui succède à Rodolphe après une longue dépression, elle finit par s'enliser, elle aussi, dans l'ennui et une certaine mélancolie. Puis, les soucis d'argent leur tombent dessus.

Emma est si insatisfaite dans son mariage qu'elle est prête à tout : mensonges, cachotteries, dépenses folles et, finalement, le suicide pour vivre sa passion jusqu'au bout. Qu'en est-il des hommes qui ne réussissent pas à être heureux ou à rendre leurs femmes heureuses dans le mariage comme Charles Bovary ?

L'adultère est intimement relié au mariage, ou vice versa, puisque, paradoxalement, pour qu'il y ait un amant, il faut qu'il y ait un mari. Les femmes manifestent leur insatisfaction du mariage, leur résistance même, en prenant un amant, bravant les interdits, courant quelquefois un grave danger les menant jusqu'à la mort. Cette idée renvoie à la théorie de Denis de Rougemont qui relie la passion à la mort.

Toutefois, du point de vue de l'inconscient, l'analyse de l'adultère va au-delà de cette apparence. «L'amant, pour une femme, est une figure mythique, mixte entre l'idéal amoureux et viril et la figure maternelle», écrit Annik Houel. La figure de l'amant représenterait la mère et l'amour intense, mais refoulé envers elle, et le mari, l'interdit de l'inceste. Cela expliquerait l'importance du lien entre les trois protagonistes, trio indissociable, analogue à celui du complexe d'Œdipe.

Le triangle amoureux : Feydeau et le vaudeville

> *Les maris des femmes qui nous plaisent*
> *sont toujours des imbéciles.*
> Georges Feydeau, *Le dindon*

Dans le roman de Flaubert, comme dans plusieurs des exemples précédents, l'histoire est sombre, tragique. Même si l'issue fatale n'est pas nécessairement choisie par l'auteur, c'est l'amour qui est sacrifié. Au-delà de l'idée de la passion impossible, il y a aussi le carcan de la morale de l'époque qui joue un rôle dans ces fins dramatiques et punitives.

Mais, à la fin du XIXe siècle, l'adultère, sans cesser d'être brutal, prête aussi à rire, avec grand succès d'ailleurs. À lire les nombreuses blagues et histoires drôles, il est clair qu'il fait partie du mariage. L'aurait-il même maintenu et sauvé ? Le théâtre de Feydeau témoigne de l'intérêt, voire de l'emballement, du public pour ce sujet inépuisable. L'adultère est pourtant dangereux, encore illégal et, surtout, plutôt vécu de façon pénible par les protagonistes. Comment expliquer qu'il amuse tant le public, sinon par un changement des mentalités ? De plus, Freud dirait que s'il fait rire, c'est qu'il rejoint, si ce n'est dans sa pratique, du moins dans l'intérêt ou le désir inconscients qu'il suscite. En effet, le public se délecte des imbroglios et des quiproquos absurdes qui s'enchaînent comme une mécanique bien huilée. Le vaudeville amuse plutôt qu'il ne fait scandale. On ne pleure plus dans les chaumières, on rit au spectacle du ridicule des personnages au théâtre de boulevard, dans un genre dont le succès se perpétue. Feydeau traite, avec ses pièces, de la banalité de la vie conjugale et de ses dessous de façon légère, en apparence du moins. Ces situations burlesques en deviennent même absurdes ; cela souligne la gravité de la chose. Les hommes vivraient ainsi, au moins par procuration, le fantasme de la complétude entre les différentes femmes fantasmées, aimées et désirées.

Le scandale de l'adultère ne vieillit pas : l'exemple de Bill Clinton

Qu'en est-il aujourd'hui ? Désirer la femme d'un autre homme et le traiter d'imbécile fait-il toujours partie du scénario érotique au masculin, ce que Freud appelle la théorie du tiers exclu où l'amoureux veut sauver sa bien-aimée ? Faut-il qu'il y ait toujours clivage de l'objet d'amour entre la maman et la putain ? Après avoir vu la théorie de Freud et l'adultère aux XIXe et XXe siècles, prenons un autre exemple contemporain.

L'ex-président américain Bill Clinton a aussi été pris dans une situation embarrassante, qui a failli lui coûter son poste à la suite d'une liaison avec une stagiaire de vingt-deux ans à la Maison-Blanche. Monica Lewinsky a été piégée, elle aussi, par une amie à qui elle se confiait au téléphone et qui l'enregistrait à son insu. Après une médiatisation intensive où la vie de la stagiaire, les détails de l'aventure et la vie de la famille Clinton sont exposés à tous vents, l'histoire finit par un procès où les opposants du président tentent de le faire destituer en 1998, sans succès heureusement.

Il est clair que le dévoilement de la vie des grands de ce monde, en particulier par le biais d'un scandale sexuel, fascine et excite. Les composantes, la séduction d'une jeune femme par un président, la révélation de détails sexuels scabreux et, surtout, l'adultère suscitent l'intérêt voyeuriste. Par exemple, l'observation par les médias des réactions de la première dame, elle-même future candidate à la présidence, et de la maîtresse n'est pas le moindre des éléments de fascination. Leurs prestations médiatiques n'en sont que plus impressionnantes.

Ce qui est burlesque et tragique à la fois dans cette histoire, c'est que l'ex-président semble avoir été pris en étau entre deux Amériques et deux référents culturels. Alors que John F. Kennedy a eu des aventures multiples, au vu et au su de tous et avec la complicité de ses employés, et que Bill Clinton a vécu durant sa jeunesse la période du *peace and love*, où la liberté sexuelle était fort répandue, ce dernier est rattrapé à la fois par un système de valeurs et par une morale rigide qui existent toujours aux États-Unis. Il a été pris par surprise, comme d'ailleurs le monde entier, et confronté par interrogatoire à des questions auxquelles il est impossible de répondre, tant l'intimité y est exposée. Il a été «obligé» de mentir, ce pour quoi il sera accusé par la suite, puisqu'il a répondu à l'accusation par cette phrase: «*I did not have sexual relations with* that woman, *Miss Lewinsky*[78].»

Nier sa relation en appelant sa maîtresse *that woman*, revenir sur ses paroles en prétendant qu'une fellation n'est pas une relation sexuelle, ne sont que certains des ingrédients d'un scandale, suivi d'un procès, comme du temps de Madame Bovary, même si la mort ne s'ensuit pas et que cette histoire ressemble plus à un vaudeville qu'à une tragédie. Prise dans une position délicate, celle de la femme trompée et digne qu'elle a fort bien soutenue, Hillary Clinton a

---

78. Traduction libre: «Je n'ai pas eu de relations sexuelles avec *cette femme*, mademoiselle Lewinsky.»

défendu son mari. Elle a accusé une coalition de droite d'avoir fomenté ce complot contre son mari, ce en quoi elle avait sûrement raison. Il n'empêche, l'ampleur de ce scandale sexuel et de ses immenses retombées politiques en dit long.

Ce triste vaudeville, contrairement à ceux plus drôles de Feydeau, montre que si les changements dans la morale sexuelle semblent grands, l'ancien puritanisme resurgit parfois. Même s'il est difficile d'imaginer pareille mésaventure au Québec ou en France, il est intéressant de noter qu'en matière de sexualité, le dévoilement par le scandale, surtout dans un procès, intéresse toujours beaucoup et que le scénario est toujours actuel.

Par ailleurs, la figure du séducteur est sévèrement punie et l'autorité du chef de l'État est lourdement entachée. On pourrait même qualifier cette opération de castratrice d'une image paternelle !

Enfin, le clivage fait par l'homme Clinton entre la maman et la putain est vivace et actuel : Monica Lewinsky (*that woman*) est la maîtresse qu'on peut impunément mépriser et Hillary est l'épouse trompée à laquelle se sont apparemment identifiées des millions d'Américaines. Bill Clinton, en rabaissant Monica Lewinsky pour en faire un objet sexuel, valide encore une fois le schéma freudien du clivage. Il désire sa maîtresse sexuellement et il aime tendrement sa femme digne et compréhensive.

Les grandes chaleurs : l'amour interdit

Dans le film *Les grandes chaleurs*, le premier film de Sophie Lorain, d'après une pièce de théâtre de Michel Marc Bouchard, sorti sur les écrans du Québec en août 2009, une travailleuse sociale de cinquante-deux ans apprend de son mari, sur son lit de mort, qu'il a eu une maîtresse pendant une bonne partie de leur vie commune. Comme le veut l'usage, tout le monde semble au courant, sauf elle-même. Elle continue à ignorer qui est la coupable, mais elle doit vivre avec le fait de la rechercher et de composer avec un deuil complexe, étant donné cette révélation de son mari.

Sur ces entrefaites, surgit un jeune homme de vingt ans, un ancien patient, qui lui fait assidûment la cour. Sans dévoiler plus l'intrigue, il est intéressant de noter que le scandale vient de la très grande différence d'âge entre les amants (trente-deux ans) et de l'inversion du modèle plus accepté traditionnellement, un homme plus vieux que sa maîtresse. S'ajoutent à cela les effets de cette liaison sur sa famille et sa vie sociale. Son milieu professionnel, les amis et l'ex-copine de son amant, sa mère, le voisin de l'héroïne et ses enfants, les personnes témoins de leur idylle dans la ville, bref, tout le monde s'oppose à leur liaison qui s'avère porter un parfum d'interdit. Il semble impossible aux amants de se voir et de s'unir. On se demande vraiment comment ils vont s'en sortir et, surtout, comment la cinéaste va tirer son épingle du jeu! Ce qu'elle fait très bien, avec humour et légèreté. En effet, l'imbroglio concernant l'identité de la maîtresse de son mari et les menaces que fait peser sur son emploi une relation peu acceptée socialement sont là pour opposer la relation adultère socialement admise de tous, mais dans le secret – ce qui est la définition même du genre –, à l'histoire d'amour du couple apparemment inhabituel.

Le scandale vient donc de cette liaison entre une femme mature et un tout jeune homme, avec qui, de plus, elle avait une relation professionnelle. L'amant est lié au secret et à l'interdit, non seulement comme dans l'adultère décrit précédemment, mais aussi comme dans l'amour œdipien. Le film met en images un couple moins répandu, ou plus caché, de l'amour incestueux: celui où c'est l'homme qui est en position de fils et l'amante, de mère. Il existe cependant, même quand il n'y a pas de différence d'âge! Les couples sont toujours (aussi) incestueux. Si l'homme prend le rôle protecteur de père par moments, il se réfugie parfois auprès de sa conjointe, qui lui rappelle sa mère protectrice et rassurante, en particulier par rapport à sa virilité. La rivalité dans le couple empêcherait d'assurer cette fonction de protection.

Père ou amant ?

Le clivage de l'objet peut se faire aussi entre le désir sexuel et celui de la formation du couple. Ce problème est relié au malentendu entre les sexes, thème du prochain chapitre.

Le film *Horloge biologique* (2005) de Ricardo Trogi raconte les difficultés de trois hommes face à l'horloge biologique des femmes. C'est comme si la paternité les faisait perdre leur jeunesse et le plaisir. Sébastien, qui est déjà le jeune père d'un bébé, pense qu'il doit renoncer à ses sorties avec ses copains et en souffre ; il se sent exclu du plaisir de ses copains et essaie de retrouver ces moments. Paul, dont l'enfant est en gestation, souffre du syndrome de « la couvade ». Ce passage l'angoisse terriblement. Enfin, Fred, plus cynique, use d'un stratagème. Il dissout amoureusement dans le jus d'orange pressé chaque matin une pilule contraceptive. Est-il amoureux ou désirant ? Il ne le sait pas, mais il faut qu'il « fourre », dit-il. Quant à Marie, la conjointe de Fred, il est clair que son désir d'enfant contribue grandement à son désir et à son plaisir sexuels... Les deux semblent s'aimer et s'entendre passionnément, mais quand la ruse est démasquée, c'est la fin. C'est le malentendu entre les sexes : elle veut être comblée par le bébé et lui, par la jouissance sexuelle avec un zeste de tromperie. On peut trouver ici le schéma du séducteur ou, à tout le moins, le clivage de l'objet : pour Fred, Marie ne peut être mère et amante en même temps. Il choisit l'amante, mais elle veut être mère.

Ce film met en scène, à l'instar de la série *Les Invincibles*, les difficultés du masculin. Ricardo Trogi est très clair à cet égard : ce qui lui paraît important est de laisser s'exprimer les hommes comme «des gars»: «En aucun moment, oublier qu'on est des gars et qu'on doit assumer notre point de vue, ne jamais essayer de parler pour les filles, ça pourrait sonner faux.»

Le succès du film, après celui de *Québec-Montréal* du même cinéaste, signale cet intérêt pour une culture du masculin, ou «des gars», en émergence.

Pour conclure

L'identité de l'amant est multiple et complexe, elle représente aussi l'amour idéal, un fantasme difficile, voire impossible à réaliser. Troisième terme du triangle amoureux, son image complète celle du mari, tout en s'y opposant.

Par contre, l'amant pourrait être aujourd'hui une image composite des deux figures, ce qui serait un défi difficile à relever: la complétude, rien de moins! L'homme d'aujourd'hui devrait-il être amant et mari, ami et amoureux, père et mère à la fois? Cet idéal face à l'amour et à la vie de couple pourrait entraîner bien des déceptions pour les hommes et les femmes!

De plus, l'amant se doit d'être identifié au masculin tout en assumant sa part de féminité, pour pouvoir à la fois répondre à son propre idéal et faire face à ce qu'il imagine de la demande féminine, tout un programme en somme.

Dans le prochain chapitre, nous envisageons l'amant face à ces défis, comme conjoint ou mari, ainsi que la question de la vie du couple d'aujourd'hui.

Cinquième chapitre

Le mari, le conjoint ou l'amant?

L'amant est-il devenu un conjoint?

Si la notion d'amant désigne le troisième larron du triangle amoureux ou adultérin, il devient générique aujourd'hui pour indiquer l'amoureux, terme couramment utilisé, ou plus précisément celui avec qui on fait l'amour. À moins que ce ne soit le *chum* dont les filles sont les *blondes*. Le chum pourrait aussi bien être l'amant désigné que le compagnon de vie; quant au conjoint, il est un équivalent moderne du mari, sans mariage. Un contrat plus ou moins explicite, qui peut avoir une valeur légale sans être équivalent à celui du mariage, relie les conjoints dits de fait.

Dans le registre sexuel, l'amant garde un parfum d'interdit et de clandestinité. Il peut aussi être la même personne que le conjoint ou le mari, durant la période de l'amour naissant ou du coup de foudre.

Aujourd'hui, il semble bien que l'attente soit double et qu'il faille à l'homme nouveau remplir à la fois les rôles d'amant et de conjoint. Tout un contrat!

Depuis les années 1970, les changements dans la société sont immenses sur les plans familial, amoureux et sexuel. Les bienfaits ou les méfaits de la vie de couple se mesurent avec d'autres critères et valeurs, et il n'est pas facile de la maintenir sans les anciens repères et avec la confusion des nouveaux. D'ailleurs, le mariage au Québec est en perte de vitesse; serait-il en désuétude? Ce constat surprenant est énigmatique. Les faits sont là: les couples s'y marient proportionnellement en moins grand nombre qu'ailleurs, par exemple au Canada. Les couples établis, avec et sans enfants, sont presque aussi nombreux à vivre en union libre que ceux qui se marient.

Effet de la révolution tranquille, du rejet soudain de la religion dans les années 1960 et 1970, de la libération sexuelle ou du féminisme? S'agit-il d'un phénomène de génération, d'une méfiance envers les institutions du mariage et de la religion? Ces dernières brimeraient le désir de liberté des hommes et entameraient même le désir sexuel, du fait de l'installation dans la quotidienneté. Mais ne pourrait-on pas penser que, dans ce rejet du mariage, on peut lire également une hésitation envers l'engagement et les femmes? Il ne s'agit nullement de faire la promotion du mariage ici, mais de souligner une particularité de la société québécoise. Les causes de cette spécificité de notre société sont trop complexes pour être discutées dans ce livre, mais il est important de les noter. Voici comment Renée Dandurand décrit l'évolution du mariage au Québec: «En 1960, une institution apparemment stable, sinon toujours harmonieuse, unissait légalement la plupart des couples: c'était le mariage religieux et indissoluble, qui présidait à la fondation de la famille, cadre où les enfants étaient conçus et élevés.»

En 1985, ce «règne incontesté du mariage légal est révolu». Après avoir autorisé le mariage civil et l'accès au divorce, la société québécoise a vu nombre de couples rompre leur union (séparations, divorces), retarder leur mariage ou s'en écarter carrément (unions libres, naissances hors mariage). En même temps, les rôles des conjoints se voyaient transformés, passant du modèle traditionnel des sociétés industrielles, l'union de la ménagère et du pourvoyeur, à celui du couple à double salaire qui, dorénavant, représente la norme en Amérique du Nord.

Le Québec présente, pour sa part, un profil assez distinctif. À l'instar d'autres sociétés catholiques, il fait, dans les années 1960, une entrée timide et tardive dans la modernité pour ce qui est de sa vie familiale et matrimoniale. Puis, après le tournant des années 1970, il connaîtra «des transformations plus spectaculaires que partout ailleurs[79]».

Le couple aujourd'hui

Qu'en est-il du rôle traditionnellement dévolu au couple, celui d'avoir des enfants et de fonder une famille? La chute brutale de la natalité, en une ou deux générations seulement, est aussi un élément clé dans la problématique des rapports entre les hommes et les femmes.

Cette nouvelle manière de vivre les liens de couple pourrait être due aux hommes, ou aux femmes, mais surtout à l'air du temps et, en particulier, à l'évolution des mœurs et du mode de vie, ainsi que de la sociabilité. Cette transformation, inaugurée par les *baby-boomers*, produit des effets sur la vie familiale, les rapports amoureux et sexuels entre les hommes et les femmes et leurs enfants, ainsi que dans les rapports au monde du travail.

---

79. Renée Dandurand, *Le mariage en question. Essai sociohistorique*, Montréal, Institut québécois de recherche sur la culture (IQRC), 1988; version Internet avec l'autorisation de l'auteure.

Depuis les années 1970, ces changements ont été institués sur le plan juridique. Au Québec en 1981, la réforme du droit de la famille est particulièrement avancée et innovatrice.

Les questionnements par des hommes sur leur identité en Europe et les groupes lancés par Guy Corneau sur la condition masculine au Québec commencent dès les années 1980[80]. Nous verrons plus loin les effets de ces changements sur la psychanalyse des hommes d'aujourd'hui.

Le nombre de couples mariés est à peu près égal à celui des couples en union de fait. Considérons ce choix et les effets du statut juridique et de l'institutionnalisation. Les conjoints de fait sont-ils des couples mariés? Sinon, où est la différence? On peut se demander quelle sorte de couple vit mieux l'union et la séparation éventuelle, mais surtout, quels sont les pertes et les profits des hommes, sur les plans psychologique et social, dans un statut et dans l'autre. Certains couples se marient après avoir passé des années en union de fait. Quelle différence cela fait-il dans leur couple? Ce passage difficile entre l'amour passion et l'amour dans la vie commune serait-il ainsi établi par rapport à un tiers, par la déclaration légale et sociale et l'institution du mariage? Il serait intéressant de voir si les couples vivent différemment leur union après ce rituel traditionnel.

Mariage ou union de fait: Éric et Lola

À la suite du procès intenté par Lola à Éric[81] en 2009 et dont le jugement est porté en appel, la différence juridique et financière entre

---

80. Voir à ce sujet Marie Hazan, «Y a-t-il une condition masculine?», *Dialogue*, janvier 2009, n° 183, p. 81-93.

81. Il est interdit de révéler les noms d'Éric et de Lola (pseudonymes) au Québec pour préserver la vie privée de leurs enfants.

un mariage et une union de fait est plus claire pour le public. Alors que l'impression générale était que toutes les unions étaient équivalentes, il apparaît clairement qu'elles le sont effectivement concernant les enfants, mais que le mariage entraîne des obligations financières différentes. En résumé, une épouse peut réclamer une pension à laquelle une conjointe de fait n'a pas droit. Cela pose des questions non seulement juridiques, mais aussi sociales fort intéressantes. Les couples décident de se marier, ou pas, mais des conséquences en découlent.

D'ailleurs, Éric est très clair à cet égard: c'est à dessein qu'il ne s'est pas marié, pour ne pas avoir à partager «ses propres biens» avec la mère de ses trois enfants. La question de la pension étant généreusement réglée, l'union se défait et chacun repart avec ce qui lui appartient tout en respectant leurs obligations envers les enfants. Ce choix est celui de la liberté de l'union.

Tout cela dans un monde idéal où l'amour ne mène pas à la haine et à ses déchirements jusqu'à la cour et des procès infinis.

En effet, dans l'imaginaire de la société actuelle relativement à cette notion, c'est l'amour qui est à l'origine de la formation du couple et, éventuellement, du mariage. Est-ce la fin du mariage de raison?

Le mariage est une institution ancienne et traditionnelle qui apporte une certaine sécurité, sociale et psychologique. Même si les lois ont grandement changé, des devoirs et obligations y sont légalement attachés qui engendrent également une contrainte quand l'amour s'en va.

Ainsi, «les époux se doivent mutuellement fidélité, secours et assistance». Le mariage implique donc une vie commune, un engagement mutuel et envers la filiation qui en dépend.

L'ambiguïté ne vient-elle pas de l'immensité des espoirs suscités par l'union du couple? Alors qu'auparavant le mariage impliquait un certain nombre de devoirs et d'obligations sociaux et financiers, aujourd'hui, on attend d'un conjoint beaucoup plus ou autre chose: de l'amour et de la passion, de la tendresse et une sexualité épanouie, un compagnonnage par rapport aux préoccupations au travail et des loisirs excitants. Le mandat est lourd. Et si les attentes sont déçues, l'union se brise et chacun repart de son côté, en quête d'un autre amour et d'une union avec lui.

Quelle est la position des hommes par rapport aux espoirs des femmes à leur égard? Quelles sont leurs propres aspirations en retour? Le malentendu entre les sexes serait-il plus ou moins profond de nos jours?

Les statistiques disent que le mariage, ou la vie de couple, réussit mieux aux hommes qu'aux femmes. Ils sont moins malades physiquement et psychologiquement et ont une espérance de vie plus longue que les hommes qui vivent seuls. C'est l'inverse pour les femmes.

Qu'attendent-ils de cette union et de leurs compagnes? D'abord l'amour, la gratification et une certaine réassurance identitaire, autant dire une sécurité affective qui leur permet de se propulser et de s'épanouir vers l'extérieur, dans la société et le monde du travail.

L'amoureux

Prenons l'exemple d'amoureux anciens et modernes pour illustrer l'amour dans le couple.

Ainsi, celui de Jacob, tiré de la Bible: il aime Rachel et cherche à s'unir avec elle. Il demande sa main à Laban, son père et son propre oncle, qui lui demande de travailler pour lui pendant sept années au bout desquelles, ô déception! il lui offre son autre fille, Léa, l'aînée, en mariage. Ce n'est qu'au bout de sept autres années de labeur qu'il peut enfin épouser sa bien-aimée. Les obstacles sont levés à qui sait attendre et travailler longtemps ! C'est un projet de longue haleine à accomplir et c'est par la persévérance que cet amour se réalise, selon cette histoire.

Dans un autre domaine, une chanson de Leonard Cohen, *I'm your Man,* éclaire la position de l'homme qui voudrait être dans l'adéquation parfaite au désir de son aimée.

If you want a lover
I'll do anything you ask me to
And if you want another kind of love
I'll wear a mask for you
If you want a partner
Take my hand
Or if you want to strike me down in anger
Here I stand
I'm your man

If you want a boxer
I will step into the ring for you
And if you want a doctor
I'll examine every inch of you
If you want a driver
Climb inside
Or if you want to take me for a ride
You know you can
I'm your man

Si Leonard Cohen cherche à correspondre au moindre désir de celle qu'il aime, avant même qu'elle l'exprime, c'est parce qu'en étant « son homme » il comblerait aussi les siens propres. C'est par cette manière de la rendre heureuse qu'il l'est et qu'il est gratifié comme homme, *son homme.* Ils seraient ainsi unis dans une rencontre parfaite, fusionnelle et idéale. L'homme se veut à la fois amant, partenaire, compagnon et père de son enfant. Pour cela, il est prêt à jouer le rôle de boxeur, de médecin et de chauffeur.

Leonard Cohen serait-il le dernier amant romantique ou le conjoint parfait? Il semble cumuler tous les rôles, du moins dans son fantasme de correspondre à son désir. Il est dans l'amour naissant, la fusion et l'illusion, mais sa manière de proposer poétiquement plusieurs déclinaisons de son rôle d'amoureux me semble une belle illustration de l'amour au masculin. Cette manière de mettre dans l'autre son idéal est bénéfique pour les deux. Mais, dit Jean Lemaire, «les frontières sont fragiles entre plaisir et angoisse[82]».

Se conformer au désir de la femme aimée laisse l'amoureux nu et vulnérable s'il ne reçoit pas ce qu'il attend en retour, du moins une certaine reconnaissance. Or, si le fantasme le comble, l'espérance est difficile, sinon impossible à réaliser, dirait Denis de Rougemont.

De son point de vue, l'amoureux attend-il trop ou ne reçoit-il pas assez de l'aimée? Difficile équilibre!

Le désir amoureux au masculin

> *Laisse-moi devenir l'ombre de ton ombre,*
> *l'ombre de ta main, l'ombre de ton chien.*
> *Ne me quitte pas.*
> Jacques Brel

> *Aimer, c'est donner quelque chose*
> *que l'on n'a pas à quelqu'un qui ne le veut pas.*
> Jacques Lacan

Qui mieux que Jacques Brel, avec sa belle et triste chanson d'amour, illustre cette maxime de Lacan? En effet, Jacques Brel donne à

---

82. Jean Lemaire, *op. cit.*, p. 187.

celle qu'il veut empêcher de le quitter «des perles de pluie, venues du pays où il ne pleut pas».

L'amant cherche à combler les désirs de l'aimée, il place dans l'autre son manque: «Aimer, c'est reconnaître son manque et le donner à l'autre, le placer dans l'autre, écrit Jacques-Alain Miller, à la suite de Lacan. Ce n'est pas donner ce que l'on possède, des biens, des cadeaux, c'est donner quelque chose que l'on ne possède pas, qui va au-delà de soi-même. Pour ça, il faut assurer son manque, sa "castration", comme disait Freud.

Et cela, c'est essentiellement féminin. *On n'aime vraiment qu'à partir d'une position féminine. Aimer féminise*[83].»

Cette tentative de l'homme de correspondre et de répondre parfaitement aux désirs de l'aimée rappelle les propos de Lacan qui dit que l'amoureux est *comique*.

L'amour, c'est dissoudre son identité dans l'autre, dans un processus qui est régressif, fragilisant, mais aussi réparateur. L'homme projette sur la femme aimée une partie de lui-même, en pensant qu'elle détiendra sa vérité et la lui renverra en retour, qu'elle saura le soutenir, le réparer. Et cette disponibilité féminise l'homme, ce qui veut dire qu'il devient disponible, à travers ce processus, pour accueillir ce sentiment bousculant mais réparateur, sans trop y résister par de l'agressivité ou de la fanfaronnade. S'il surmonte cette peur du ridicule et l'assume, il sera un homme, avec sa bisexualité psychique intégrée. Il n'aura pas besoin de mobiliser ses défenses contre elle, en jouant le *macho*, par exemple.

S'il supporte cette féminisation, l'amour peut être reconstituant et enrichissant. Plus qu'un enrichissement, il peut même être un indubitable «comblement narcissique», dit Christian David.

---

83. Jacques-Alain Miller, interview sur Internet (l'italique est de moi).

Jean Lemaire décrit ce processus heureux des premiers moments : « Enfin, le "manque" qui caractérise toute l'existence humaine paraît comblé ! Effacée la séparation première et brutale d'avec le premier objet d'amour, effacé le traumatisme de la naissance, effacées les premières frustrations que les avatars de l'existence imposent à chacun, effacées les souffrances liées à l'organisation des compromis habituels propres à la maturation. La constante quête narcissique qui continue de caractériser l'être humain tout au long de son existence trouve enfin, en apparence du moins, une intense satisfaction[84]. »

L'amour est un recommencement, une promesse, effaçant, au moins pour un temps, les souffrances des traumatismes de la séparation première avec la mère et des compromis de la vie.

La fonction psychologique du couple

Dans le couple d'aujourd'hui, le mari est d'abord un amant. Puis, la vie quotidienne prend le dessus et c'est une adaptation à une situation plus sociale où les amoureux ne sont plus seuls au monde, un saut périlleux qui peut être réussi. Jean Lemaire, en décrivant les rencontres réussies et les difficultés surmontables du couple, est optimiste et constructif, ce qui est bien agréable et réconfortant ! Il ne remet pas en question la théorie de Denis de Rougemont qui oppose Éros à Thanatos dans la vie des amoureux, mais développe les situations où Éros est plus fort et le passage périlleux du coup de foudre au couple est pensable.

Voici comment il décrit la rencontre instantanée de deux inconscients lors du coup de foudre : « *Tout se passe comme si l'inconscient de chaque individu percevait, dans l'inconscient de l'autre, une*

---

84. Jean Lemaire, *op. cit.*, p. 164.

série de conflits intérieurs. Si ces conflits sont pour une part *analogues aux siens propres*, et qu'il ressente chez l'autre *une manière différente d'y réagir*, l'individu se trouve alors *puissamment attiré vers cet autre*, avec une forte chance de réciprocité[85]. »

Ainsi, cette reconnaissance de l'autre, dès le premier regard ou presque, implique également une manière différente de résoudre les conflits psychiques. Il explicite les liens du couple et le rôle positif de celui-ci, malgré les apparences. La fonction du conjoint est paradoxalement de se mettre au service des défenses du partenaire. Il y a donc une collusion inconsciente qui permet à chacun de se ménager et d'épargner l'autre, de ne pas être trop vulnérable, avec sa complicité. La fonction du couple et le rôle du conjoint sont de s'allier aux défenses de l'autre et de pallier la faille que chacun a en lui-même. Cette thèse, très intéressante et convaincante, même si elle n'est pas très romantique, permet de mieux comprendre pourquoi des couples qui semblent improbables restent ensemble. C'est qu'ils se sont bricolé une entente inconsciente, qui est la meilleure possible et qui leur permet de faire front commun, malgré les apparences.

Lemaire dit aussi que l'illusion, qui maintient l'amour naissant, se perpétue sous une autre forme dans les couples qui durent en réaménageant, en modifiant quelquefois profondément cette fonction. Et si elle ne tient pas, le couple se sépare. Cependant, il ne faut pas s'y tromper : le couple est une valeur sûre de nos jours, même s'il ne dure pas toujours. Hommes et femmes s'empressent en effet, après une rupture, de récidiver et de chercher une autre âme sœur.

Si l'amant échoue et tombe, la femme aimée est remplacée par une autre dès les premiers accrocs, ou juste après, si c'est elle qui s'en va, quand c'est possible. Plutôt que le triangle dont il a été question

---

85. Jean Lemaire, *op. cit.*, p. 143 (l'italique est de moi).

précédemment, la tendance est à la fidélité et aux monogamies successives. De plus, la demande est plus grande pour et envers l'homme qui doit donc cumuler les rôles. Cette figure composite de l'amant et du conjoint, à laquelle peut se rajouter celle de père, quand le couple engendre des enfants, rend l'union – et, surtout, la désunion – très complexe. C'est pour cela que Freud dit que certains hommes tentent une échappée en clivant l'objet d'amour.

La psychologie masculine : là où il aime, il ne désire pas ?

> *La vie amoureuse de tels hommes reste clivée selon deux directions que l'art personnifie en amour céleste et en amour terrestre (ou animal). Là où ils aiment, ils ne désirent pas et là où ils désirent, ils ne peuvent aimer.*
>
> Sigmund Freud, *La psychologie de la vie amoureuse*

Revenons à la psychologie de la vie amoureuse, avec Freud qui parle de la manière dont un homme choisit l'objet d'amour.

Comme nous l'avons vu au chapitre précédent, en cas de conflit psychique et faute de pouvoir renoncer à l'inceste, en d'autres termes, faute de se séparer de sa mère, l'homme divise son investissement sexuel en deux : le courant tendre et le courant sensuel demeurent séparés, clivés.

Dans ce cas de figure, pour pouvoir avoir des relations sexuelles avec une femme, il la rabaisse. Freud explique le schéma selon lequel il désire une femme avec la «condition du tiers lésé[86]» :

- Il faudrait qu'elle ne soit pas libre, mais appartienne à un autre, «mari, fiancé ou ami» ;

---

86. Freud, *op. cit.*, p. 47-55.

- Quelquefoïs, il choisit une femme qui a «mauvaise réputation quant à sa vie sexuelle»; c'est «l'amour de la putain». De plus, cela suscite sa jalousie, une autre condition à son attirance et qui ravive sa passion;

- Et, contrairement aux apparences, il accorde à la dame une très grande valeur; elle suscite une très grande mobilisation psychique. Si on tient compte du refoulement, qui transforme en son contraire son admiration et son amour, cela ne peut manquer de rappeler la mère;

- C'est alors que la dernière condition entre en jeu: il doit la «sauver», reproduisant ainsi clairement le schéma œdipien où la mère, interdite par le père, lui appartenait, croyait-il, et qu'il cherche à la reconquérir.

Selon ce scénario, il voudrait la lui ravir; cette situation pourrait être à l'origine de ces amours tumultueuses promises à la répétition. Quand la relation est insatisfaisante et trop compliquée, il recommencerait avec une autre; ce serait la série de relations selon le même stéréotype, comme pour Don Juan et Alfie. Serait-ce le style macho, avec ses aspects défensifs? Nous y reviendrons en reprenant la question de Jean Cournut: «Pourquoi les hommes ont peur des femmes?»

Les pieds dans le vide

Dans ce film de Mariloup Wolfe, sorti sur les écrans en août 2009 au Québec, le triangle amoureux, où deux hommes aiment la même femme, est déployé. Bien sûr, ces amours sont secondaires par rapport au thème principal du film: le saut en parachute et la beauté des paysages champêtres et urbains vus d'en haut. Mais le titre me paraît évocateur des relations amoureuses, derrière le saut périlleux, comme une métaphore. Comment mieux le dire: les hommes se trouvent les pieds dans le vide par rapport à l'amour! L'étape dangereuse, d'abandon et de lâcher-prise, ne peut être effectuée sans balises, ni parachute, nous raconte ce film.

Le rôle de Charles, joué par Vincent Lemay-Thivierge, lui-même amateur de sauts en parachute, est très intéressant et plutôt positif. Malgré l'attrait du vide, métaphoriquement, il assume sa masculinité et les dangers impliqués par le saut.

La relation amoureuse, à laquelle je m'intéresse surtout ici, est très classique, comme celles que nous avons vues avec Madame Bovary. Dans ce cas-ci, elle oppose deux amants, qui sont amis et partagent la même passion pour le parachute et pour Manu, une ravissante jeune femme troublée, entre autres, par la maladie mortelle de sa mère. En même temps qu'avec le saut, ils cherchent en Manu leur vérité. Un trio très classique, au fond...

Ce faisant, la relation homosexuelle latente entre Charles et Rafaël, qui se cache derrière ces passions communes et le partage de la femme aimée, les fait souffrir et les confronte à leur masculinité en construction. Ils se heurtent l'un à l'autre, mais ils trouvent un terrain d'entente, un compromis. Sans vouloir dévoiler la fin, le film concerne les excès et la recherche de la limite entre le vide et la vie. Ces excès, mais aussi l'alcool, la drogue, le sexe pour trouver un sens à la vie, posent la question de la limite ou de la castration pour parler en termes psychanalytiques. C'est à travers cette quête, y compris en courant des dangers mortels, que s'opposent les deux amoureux de Manu. Ils n'occupent pas la même place dans sa vie ni dans ses sentiments et font figure de mari et d'amant, Charles et Rafaël jouant leur identité masculine dans cet affrontement entre eux et avec la mort.

Le masculin se porte-t-il mieux à gauche ou à droite? Des exemples de couples présidentiels et princiers

Les célébrités se montrent dans les médias aujourd'hui et il est amusant de pouvoir comparer les pratiques et les représentations du couple du commun des mortels avec les images, non plus cinématographiques, mais présidentielles et même princières telles que reflétées par les médias.

En France d'abord, dans les années 1980, François Mitterrand cache sa maîtresse et sa fille Mazarine de la vie publique jusqu'à sa mort, avec la complicité des journalistes. Dévoiler la vie intime des hommes publics ne se faisait pas. Il en est de même au Québec, pour René Lévesque et d'autres hommes politiques, dont les journalistes ont protégé la vie privée. Jacques Chirac succède à Mitterrand comme président de la France et son épouse devient de plus en plus importante au fil du temps, après avoir représenté la tradition et l'effacement dans ses côtés les moins attrayants. La rivalité se joue ailleurs: c'est la fille de Chirac qui prend une place influente, en supplantant sa mère, pour un temps seulement.

Enfin, le président actuel, Nicolas Sarkozy, a une vie affective bien plus complexe et exposée aux médias. Alors qu'on ne peut apparemment le soupçonner de problèmes identitaires au masculin, il donne l'impression d'avoir absolument besoin d'une femme à ses côtés pour le soutenir.

Après avoir épousé Cécilia, pour qui il éprouve le coup de foudre le jour où, comme maire, il la marie avec Jacques Martin, il la conquiert. Ils se marient, ils ont un fils et passent plusieurs années ensemble. Elle l'accompagne partout pendant toutes les années de son ascension vers le palais de l'Élysée, ce qui n'est pas une simple expression. Ils font figure de couple très uni et amoureux.

Pourtant, Cécilia, deuxième épouse flamboyante et aimée, compagne inséparable, qu'il consulte à propos de chaque décision alors qu'il est une étoile montante, qui le soutient à chaque étape de sa carrière politique et de sa montée fulgurante, le quitte une première fois en 2005 pour un autre homme, puis définitivement, juste après les résultats tant attendus des élections. Elle ne prend même pas la peine de jouer le jeu au dîner qu'elle a organisé pour fêter sa victoire, alors qu'il vient d'être élu président. Elle a donc tout mis en place pendant des années pour l'amener à cette conquête tant attendue du pouvoir, puis elle a disparu des radars médiatiques.

Mais c'est Nicolas Sarkozy qui nous intéresse ici et sa relation de dépendance avec Cécilia qui, une fois partie pour de bon, est presque aussitôt remplacée par Carla Bruni, la nouvelle épouse, avec qui il file à nouveau le parfait amour, du moins devant la population et les journalistes. Ce style de vie tumultueuse au masculin, sur fond de relations passionnelles et exclusives, mais en série, était encore inédit dans la vie politique publique, il y a peu de temps. Il ressemble plus à la vie des hommes d'aujourd'hui qui aiment, se marient et vivent une vie familiale à plusieurs reprises. Le grand amour à répétition, comme seuls les acteurs de cinéma se le permettaient ouvertement auparavant.

Du point de vue de sa masculinité, ne pourrait-on pas dire qu'il est soutenu dans celle-ci par la présence constante et rassurante, par la réassurance donnée par la femme qui l'aime et l'appuie dans ses décisions : aujourd'hui Carla Bruni, auparavant Cécilia ? La fonction de l'amour au masculin tel qu'il se vit dans ce mode relationnel serait-elle cette demande de soutien et de reconnaissance ?

Parallèlement, Ségolène Royal, candidate défaite contre Nicolas Sarkozy, joue de sa féminité comme un atout. Sa beauté, ses vêtements élégants et son allure, tout en elle évoque la séduction féminine qui cache et contraste avec une certaine dureté du personnage.

Superwoman, elle cumule tous les rôles, comme beaucoup de femmes d'aujourd'hui : mère de quatre enfants (on lui a d'ailleurs reproché, comme jeune ministre de François Mitterrand, de s'être exposée aux médias juste après son accouchement), épouse, femme politique et de pouvoir, elle aussi se sépare le jour des élections, son mari étant le chef du Parti socialiste qu'elle représente.

Ils ont fait leur ascension vers le pouvoir en même temps et côte à côte, ensemble ou en rivalité. Dans l'image du couple formé par Ségolène Royal et François Hollande, on voit plus à l'œuvre la compétition, si prégnante dans les couples d'aujourd'hui, quand les deux protagonistes jouent sur le même terrain, avec pratiquement les mêmes cartes, et semblent pareils, la différence sexuelle exceptée.

On retrouve là le schéma de l'amitié conditionnelle sur fond de rivalité fraternelle, comme nous l'avons vu à propos de Jean-Paul Sartre, de Merleau-Ponty et de Camus, mais aussi à propos des relations fraternelles aux deuxième et troisième chapitres. Il me paraît important de souligner que dans la vie de certains couples d'aujourd'hui, la compétition fait ressembler leur relation à celle décrite entre les frères. Trop égaux et trop pareils, ils se repèrent dans leur identité l'un par rapport à l'autre, en miroir. Ils avancent de concert, ayant peu de terrains de jeu séparés. La compétition ne peut être que féroce, comme dans la «frérocité» dont Lacan parle. La jalousie est ainsi une réaction à ce problème identitaire, où chacun se repère par rapport à l'autre pour son développement et sa propre promotion, qui se trouve alors en conflit avec celle de l'autre : «C'est tout spécialement dans la situation fraternelle primitive que l'agressivité se démontre pour secondaire à l'identification[87].»

---

87. Jacques Lacan (1938), «Les complexes familiaux», dans *Encyclopédie française, La vie mentale*, vol. VIII, réédition, Paris, Navarin, 1970.

Or, aujourd'hui, la vie de couple se profile quelquefois selon ce modèle compétitif entre trop semblables. Les rôles et les fonctions, les carrières et les objectifs étant quelquefois identiques, ils sont établis en commun dans l'enthousiasme et la fièvre de l'amour des débuts et de la jeunesse. Cependant, après la fusion, l'illusion et l'idéalisation, la période de différenciation identitaire peut faire mal, très mal. Comme dit Lacan, «la jalousie, dans son fond, représente non pas une rivalité vitale, mais une identification mentale[88]».

Le modèle américain avec les Clinton se présente un peu différemment: Hillary Clinton traverse avec succès quelques épreuves et joue plusieurs rôles successivement. Elle passe de celui d'épouse omniprésente et participant aux décisions, au début du mandat de son mari, avec la réputation d'être autoritaire et intraitable, puis elle est rapidement écartée. La compétition ici aussi est féroce, elle passe surtout par le vice-président Al Gore. Tous deux cherchent à conseiller Clinton. Par la suite, elle est trompée et bafouée et, enfin, elle représente l'épouse qui survit aux tempêtes. Elle devient candidate à la présidentielle et il la soutient loyalement, à son tour. Comme Ségolène Royal, elle est défaite au profit de Barack Obama qui remporte la victoire contre elle d'abord, puis contre John McCain, et qui devient président des États-Unis le 4 novembre 2008.

Si on doutait du rôle joué par la différence des sexes dans le monde politique, ce couple serait là pour démentir toute idée qu'elle importe peu ou que la connotation sexuelle a disparu. Préjugés contre les femmes bien sûr, et contre les hommes d'ailleurs. Nous l'avons vu à propos de Bill Clinton qui a eu, pour un moment du moins, le sifflet coupé! Toutefois, du point de vue de la vie du

---

88. Jacques Lacan (1938), *op. cit.*

couple, la compétition politique semble moins prononcée entre Bill et Hillary Clinton, du moins dans le portrait qu'en font les médias, que leurs soucis relevant de la jalousie sexuelle et de l'adultère, dans des rôles plus traditionnels.

Cependant, c'est la princesse Diana Spencer d'Angleterre qui a inauguré l'exposition de la vie privée dans les médias. Sa vie fascine et émeut, bien après sa mort survenue accidentellement en 1997. Le film *The Queen*[89] décrit bien l'engouement, l'amour débordant même que le peuple britannique lui porte au moment de sa mort.

Marié à Diana de 1981 à 1996, le prince Charles, promis au trône d'Angleterre au décès de sa mère, a vu, à son corps défendant, sa vie amoureuse prétendument ratée avec Diana étalée dans les journaux à sensation, l'insatisfaction de son épouse et ses sentiments qu'on a dit mitigés envers elle décortiqués, et, enfin, sa liaison de longue date avec sa maîtresse dévoilée, photos à l'appui. En somme, cette histoire, même si elle est moins excitante, se termine bien: en 2005, il finit par épouser Camilla Parker-Bowles qu'il aimait depuis très longtemps, selon les médias. Camilla serait-elle plus rassurante que Diana, moins menaçante ou plus accessible et soutenante? Quoi qu'il en soit, c'est elle qu'il a choisie en définitive, contrairement au peuple, pour devenir éventuellement la princesse...

Pour finir, une clarification: il est bien évident que je ne prétends nullement analyser les personnes réelles de Nicolas Sarkozy, de Bill Clinton et du prince Charles, encore moins leurs sentiments et leurs conflits psychiques, mais seulement l'image qu'en donnent les médias et qui sont révélatrices de la vie amoureuse complexe des hommes d'aujourd'hui; cela nous aide à y réfléchir.

---

89. En français, *Sa Majesté la Reine*, film de Stephen Frears, sorti en 2006.

Pour conclure

Les hommes d'aujourd'hui vivent en couple leur passion et le malentendu de l'amour, avec des hauts et des bas. Quand une union, très investie, ne répond pas aux attentes, parfois immenses, c'est la rupture, suivie d'une autre tentative.

Le mariage ou la vie commune comportent d'autres obligations et devoirs que ceux qui existaient auparavant, mais surtout d'autres demandes sur le plan relationnel. Celles-ci viennent des femmes qu'ils aiment, mais aussi de leurs propres attentes et du choc entre ces représentations de part et d'autre. En outre, les hommes doivent à la fois jouer les rôles d'amant et de mari.

Les remises en question des rôles sexuels représentent un défi de plus. Alors qu'ils sont prêts, pour certains du moins, à renoncer à certains de leurs privilèges ancestraux, ils perdent les repères qui s'y rattachent.

Il arrive même que face à la déroute de certains gars, des femmes leur demandent, paradoxalement, de montrer leur virilité, ou que, face à une affirmation virile qu'elles trouvent intempestive, elles les rejettent et quelquefois regrettent. C'est le malentendu entre les sexes; il est là depuis toujours, mais ses contenus diffèrent.

L'homme ne peut vivre ni résoudre ce problème seul. L'identité masculine doit être reconnue par une femme et si elle ne peut répondre à cette demande fondamentale, il ira voir ailleurs. Il en va de même pour la féminité, mystérieuse et menaçante parfois pour les hommes, et qui demande aussi à être reconnue par un homme. Cette confusion ne rend pas le rapport amoureux plus facile, mais c'est un défi intéressant. Malgré tout, la vie d'aujourd'hui permet de reprendre ses billes et de tenter une autre partie, plutôt que d'être pris dans une relation malheureuse et sclérosée.

Sixième chapitre

Les pères

Les nouveaux pères

On les voit dans les rues de Montréal et d'ailleurs, poussant les poussettes, y compris en faisant leur jogging, embrassant leurs bébés, jouant au parc avec les enfants plus grands. Ils magasinent en famille et nourrissent les petits tout en pianotant sur leur ordinateur. Ils leur donnent le bain, le cellulaire vissé sur l'oreille, comme d'ailleurs les mères quand c'est leur tour ; une image d'un monde meilleur. On les voit, solides, portant le petit dernier sur la hanche, aidant aux devoirs des plus grands, faisant les courses, le chariot plein de sacs de couches et de biscuits santé. Ils traînent les bébés dans des luges, dans la neige ou les mettent derrière eux sur leurs vélos.

Quand ils sont séparés, ils sont quelquefois au McDonald's ou dans d'autres restaurants minute, après tout, les enfants adorent cela. À moins qu'ils ne choisissent les cafés branchés. Ils y sont les fins de semaine surtout, une sur deux par exemple. Les copains et les copines les aident alors, à moins que ce ne soit leur mère ou leur père. On voit souvent les grands-parents promener les enfants, petits ou grands.

Ils sont plus ou moins assidus aux cours prénataux et, il faut bien le dire, pour certains, au tribunal pour protester de leur bonne foi et réclamer une garde partagée qu'ils ne sont pas toujours prêts à honorer. Car, généralement, les gardes partagées qui fonctionnent bien et qui ne font pas parler d'elles sont plus courantes qu'on ne pense et se font hors cour avec l'engagement des deux parents à voir au bon déroulement de la chose. Les gens heureux n'ont pas d'histoire...

Ils ont du plaisir, les enfants visiblement aussi, qui rient aux éclats, les conjointes et les ex y gagnent et voient leur tâche allégée. Où est donc le problème ? Les pères québécois sont pris comme modèles dans la vieille Europe, plus traditionnelle malgré les changements après mai 1968.

Y a-il un problème dans ce paradis ?

Trois hommes et un couffin

Dans le film *Trois hommes et un couffin* de Coline Serreau, sorti sur les écrans en 1985, le thème de la paternité partagée dans la fraternité et le plaisir est traité pour la première fois, avec un immense succès, en France et dans les autres pays européens, ainsi qu'aux États-Unis où une nouvelle version a été produite. Indice du changement en cours, le public a ainsi sûrement plébiscité une ère nouvelle dans les rapports des pères aux enfants.

L'histoire est originale. Trois amis vivent ensemble, ou plutôt partagent un bel appartement parisien. Ils reçoivent un «colis», destiné à Jacques, agent de bord qui est parti pour un long voyage. Il s'agit d'un bébé, vraisemblablement sa fille, que sa mère a déposé là, sans prévenir. Pierre et Michel doivent donc faire face très vite à une situation inattendue et plutôt contrariante : une paternité qui leur tombe dessus. Ne sachant pas comment mais voulant bien faire, ils sont confrontés à tout ce qui accompagne un nourrisson :

les tétines de biberon, le lait en poudre, les couches et les insomnies. Ils sont attendrissants et sympathiques. On les aime. Ils sont «politiquement corrects» et annoncent un monde meilleur. D'une situation cocasse à l'autre, ils y arrivent, à leur façon maladroite, mais on les trouve touchants. Puis, ils s'attachent au bébé. Tout le monde rit aux éclats, sans bien comprendre pourquoi c'est si drôle, sinon de voir des hommes s'occuper avec affection et maladresse d'un nourrisson. Il y a aussi une petite histoire policière qui ajoute à l'imbroglio créé par l'arrivée impromptue de la petite fille dans son couffin.

Et l'amour charnel pour les bambins est là, on rit, mais avec émotion quand Michel (Boujenah) embrasse avec effusion la petite laissée là subrepticement, sous leur garde d'abord méfiante puis jalouse et possessive, mais surtout joyeuse... Cette représentation de l'amour des hommes pour les enfants, loin de l'autorité paternelle et du père sévère, est ce qui provoque la surprise, qui amène le plaisir de l'inattendu, suivi de la décharge par le rire.

Cela présageait, dès les années 1980, l'installation du changement dans la sphère parentale et les rapports inédits entre des hommes peu préparés à la paternité et le contenu d'un couffin : une petite fille. Les rapports avec les bébés ne sont plus réservés aux mères ; les pères ont leur place.

L'affaire est entendue : «papas poules» et bons pères à la fois, ils aiment leurs enfants. Enfin, ils peuvent les dorloter et les couver, les encadrer et les guider. Ils peuvent très bien s'en occuper, à leur manière. Ils ont lutté et donné leurs lettres de crédit pour pouvoir en profiter, avec plaisir de surcroît.

Dans ce nouveau rapport aux enfants, les pères sont quelquefois bien entourés de leurs propres parents, mais aussi d'amis. En effet, une nouvelle sociabilité inclut les échanges entre amis comme relais pour la garde des enfants, comme en témoigne la série américaine *Friends*. Elle met en scène, de 1994 à 2004, un groupe de six amis vivant leur amitié et leurs aventures amoureuses. L'isolement social et urbain est tel dans Manhattan, et plus précisément dans Greenwich Village, que cette forme d'entraide et de vie commune est précieuse, spécialement quand un bébé naît et dont les parents, Ross et Rachel, ne vivent pas en couple, mais sont colocataires et amis avec les autres membres de cette petite communauté. Nous retrouvons en partie le scénario de *Trois hommes et un couffin* où les liens amicaux dans une grande ville tiennent lieu de famille. En effet, ces derniers jouent un rôle important, surtout dans le cas de séparation des parents, pour pallier l'isolement dans la société moderne et la difficulté d'élever des enfants dans ce contexte, surtout quand les deux parents travaillent.

L'abandon et le conflit

Pour d'autres, les laissés-pour-compte du divorce, les délaissés et les abandonnés, ce n'est pas possible. Ils voudraient, mais n'arrivent pas à assurer et à assumer ce rôle paternel sans soutien. Tout se retourne contre eux. Ils décident d'aller prendre l'enfant, mais l'oublient quelquefois, ou alors le désespoir de penser leur ex-conjointe heureuse, peut-être même avec un autre homme, les incite à vouloir les «faire payer». Parfois, ils pensent simplement leur faire ainsi un clin d'œil pour qu'elles reviennent. Malheureusement, elles sont déjà parties, ayant épuisé tout leur capital de patience avant la rupture... Souvent alors, elles les excluent de leurs vies et, du même coup, de leurs enfants, endossant le rôle ingrat de chef de famille monoparentale.

Ils appellent la police pour pouvoir récupérer leurs droits de garde. Ils aiment leurs enfants et voudraient les voir, et ils font un tour autour de l'école ou de la maison de l'ex pour voir qui est là...

Bien sûr, l'affection n'est pas en cause ni l'amour. Après tout, même des mères peuvent être, à temps perdu, de mauvaises mères...

Elles aussi oublient de leur amener les enfants, leur reprochent de leur donner des aliments trop gras, leur ferment la porte ou se sauvent avec les meubles. Surtout, elles les critiquent, les prennent en défaut et les infantilisent même, comme dans la série *Les Invincibles*. En effet, durant un épisode de la troisième saison, elles les assoient sur des petites chaises d'enfant à l'écart des leurs et leur donnent du *ginger ale* alors qu'elles boivent du champagne en déclarant : « Comme vous vous comportez comme des enfants, nous vous traitons comme tels. »

Ces couples dérapent. Qui commence ? Qui a tort ? Difficile à dire, chacun accusant l'autre. Ils transforment en haine ce qui était illusion, idéal et fusion. La déception les rend intraitables, déchaînés et sauvages. Mais surtout, il n'y a pas de médiation entre eux. Hélas ! les enfants sont quelquefois pris comme témoins, invités à espionner l'ex-conjoint, engagés dans un conflit de loyauté déchirant.

Sinon, c'est le ou la juge qui tente de régler des choses tellement immenses et dérisoires à la fois qu'il les renvoie chez eux trouver une entente préalable.

Ce face-à-face mortifère est-il lié à cette illusion de symétrie, cette difficulté à différencier les rôles et à concéder à l'autre une place ? Quoi qu'il en soit, ces hommes ne semblent pas pouvoir être pères sans que les mères leur fassent cette place auprès de l'enfant.

On les voit également grimper sur les ponts et bloquer la circulation en affichant aux yeux du monde : « Papa t'aime. » Désespérés ou furieux, délaissés et vindicatifs, ils prennent les grands moyens, mais ils ne parviennent pas à tisser les liens nécessaires à l'exercice de la paternité. La relation avec la mère de l'enfant est-elle en cause ?

Certainement, il est difficile d'être père sans passer par la mère de l'enfant. La relation avec leur propre mère est-elle à la base de ces difficultés ? Sans doute, mais on ne peut pas généraliser. Il est très difficile de trouver un responsable dans cette guerre fratricide des couples. Elle semble alimentée par une animosité qui doit venir de loin. À moins que l'ordre symbolique ne soutienne plus, dans nos sociétés, le pouvoir paternel comme il l'appuyait auparavant. Nous y reviendrons.

Il y a aussi les pères qui ont complètement disparu de la vie de leur enfant et les mères qui doivent assumer seules toutes les responsabilités familiales. Cependant, les pères chefs de famille monoparentale sont en augmentation.

Le père est-il absent ?

Au Québec, le père serait un abonné absent. L'expression est si populaire, si répandue, qu'elle est énoncée à tout bout de champ. «Oh, moi, j'avais un père absent», disent souvent les hommes, quand ils se penchent sur leur passé et leurs souvenirs paternels, réels et imaginaires. Qu'il soit à la maison, ou parti sans laisser d'adresse, actif ou passif, sévère ou pris par ses affaires ou son emploi, évanescent ou présent, il est réputé *absent*... Inutile de faire préciser le sens de l'expression, qui semble évidente pour tous, mais plutôt obscure et énigmatique quand on s'y penche d'un peu plus près. Plus qu'un statut ou une attitude, un fait structurel ou un mauvais moment, cette formule sonne comme un constat, un reproche et une demande. À quoi correspond l'attente du père ? À quelle image fait-elle référence ? Certainement pas à celle des pères d'autrefois qui étaient plutôt absents de la sphère familiale, sauf dans le registre symbolique et qui pouvait se traduire par cette parole efficace de la mère : «Tu verras, quand il rentrera, je le dirai à ton père !»

Le père, tel qu'il est représenté aujourd'hui, se situe entre celui du patriarcat à bannir et celui qui est fautivement absent mais dont on voudrait restaurer la puissance. Quand j'ai entendu un grand-père très honorable, plutôt omniprésent qu'absent et affectueux avec les siens, décréter qu'il avait été un père absent, j'en ai déduit que l'expression avait acquis ses lettres de noblesse et devenait consacrée, avec un contenu difficile à cerner.

Cela ne signifie pas qu'elle est dépourvue de signification, au contraire, elle est lourde de sens, d'histoire et de conflits familiaux et psychiques, mais à l'instar d'autres expressions devenues tout d'un coup consacrées[90], elle est utilisée sans qu'on s'y arrête trop. Or, si justement on lui accorde la réflexion qu'elle mérite, on trouve plein de difficultés à lui donner corps, à moins qu'elle n'ait un corps multiple, tentaculaire...

Le père manquant regroupe dans l'imaginaire, à la fois et contradictoirement:

- celui qui a totalement disparu de la vie de son enfant;
- celui qui n'exerce pas sa fonction paternelle d'autorité;
- celui qui n'exprime pas son affection et son amour;
- celui qui ne répond pas aux attentes multiples et informulées de ses enfants.

Les fils sont donc dans le reproche et la plainte, et les pères leur donnent généralement raison; ils se sentent coupables de ne pas avoir rempli leur fonction comme ils auraient dû le faire.

---

90. Je pense à l'expression «désir d'enfant» qui, elle aussi, s'est imposée du jour au lendemain, sans que tous y mettent nécessairement le même sens, sinon celui d'un droit à l'enfant, plutôt que d'un désir dans son sens plus psychanalytique.

Si on s'y arrête, ce père idéal qui ne serait ni manquant ni absent existe-t-il ? Comment serait-il ? Qui pourrait l'incarner de manière satisfaisante ? Poser la question, c'est y répondre, du moins en partie. Ce père à la fois idéal, affectueux et manifestant l'autorité de manière juste, sans dénigrer son fils, est une figure composite ; elle est une construction. Il n'existe pas dans la réalité. Un père est forcément imparfait, ce qui ne l'empêche pas d'être un bon père. Le psychanalyste anglais Donald W. Winnicott disait qu'il suffit à une mère d'être «suffisamment bonne» (*good enough*) pour que les choses se passent raisonnablement bien avec son enfant. Pour le père, je dirais qu'il suffit qu'il soit assez ou *suffisamment présent à sa fonction* pour que celle-ci s'exerce.

Il reste à se demander ce qui s'est passé pour qu'on attribue une absence aux pères et un manque à si grande échelle...

J'ai mentionné précédemment Guy Corneau parlant de son père et qui, endossant l'absence qui lui était reprochée, sauve la vie de son fils. En ce sens, il agit comme père en prenant la décision de faire hospitaliser son fils mourant, même si ce dernier s'y oppose ; il se comporte également comme un parent aimant ou comme un personnage maternel et soignant. Ce faisant, il répond, ponctuellement du moins, à la demande du fils.

Mais qu'est-il arrivé aux pères pour qu'ils soient déclarés absents en si grand nombre ?

De père en flic

*Là où le discours du fils ne cesse de clamer, de faire entendre
l'absence, la défaillance du père, de dénoncer les effets néfastes
qui s'en seraient suivis pour lui et d'affirmer qu'il aurait
subi cela passivement, ne doit-on pas envisager que
le fils a été et est, beaucoup plus fondamentalement
qu'il ne peut le reconnaître, un véritable acteur?*

François Villa

Dans le film *De père en flic* d'Émile Gaudreault, plusieurs styles de relations entre père et fils sont illustrés par des personnages hauts en couleur. Ils sont représentés de manière loufoque mais percutante.

Un des personnages principaux, Jacques Laroche, joué par Michel Côté, est un père à l'ancienne. Autoritaire, il est aussi centré sur lui-même et incapable de reconnaître les qualités de son fils. Il lui dit qu'il ne peut pas le complimenter parce qu'il n'est «pas bon». Ce père est très réaliste et joue la rivalité avec son fils pleinement. Il l'empêche ainsi de s'épanouir parce qu'il rit de lui et le dénigre sans arrêt. De ce fait, son fils Marc, joué par Louis-José Houde, a de la difficulté à s'affirmer et à agir, il se trouve mis en échec dès qu'une mission lui est confiée. Même son amie de cœur, Geneviève, le trouve mou et veut le quitter. Il représente, de façon humoristique mais réaliste, l'homme qui n'arrive pas à assumer sa masculinité. Ce qui est intéressant, c'est que son père est en pleine possession de sa virilité et de son autorité, sans états d'âme ni culpabilité. Le pire est que père et fils sont flics et que s'il y a un domaine où l'autorité, la virilité et même le machisme doivent s'imposer, c'est bien celui-ci. De plus, les policiers appartiennent à un corps de métier qui doit faire respecter la loi. Marc pourrait reprocher à son père de le dénigrer et de lui faire perdre confiance en lui-même, mais il n'arrive pas à s'imposer de lui-même. C'est le conflit de rivalité classique entre père et fils. Le mythe du père fort qui donne l'exemple à son fils est déboulonné ici, mettant plutôt en scène une concurrence telle qu'elle ne peut être surmontée qu'en «tuant le père», du moins symboliquement.

Charles Bérubé, un autre père joué par Rémy Girard, est lui aussi condescendant et semble tout à fait ignorer son fils Tim, sinon le rejeter. Tim fait tout ce qu'il peut pour se faire remarquer; il est même suicidaire. La mère s'interpose et essaie d'impliquer le père auprès du fils et, finalement, elle l'oblige à participer à un séminaire dans les bois: «Ce n'est pas négociable», conclut-elle.

L'histoire policière soutient l'attention et l'effet comique du film vient de ce que Jacques et Marc Laroche, les policiers, ne sont présents à ce séminaire que pour espionner Charles, l'avocat des motards. Geneviève écoute tout, y compris les échanges de la thérapie, qui sont plutôt hilarants. Car ils en ont bien besoin de ce dialogue, ce père et ce fils.

Charles Bérubé, pour sa part, révèle, dans un style «psycho-pop», qu'il ne rejette pas ni ne méprise son fils. Il dévoile l'indifférence dans laquelle le tenait son père et déclare qu'en fait il se mésestime et se déprécie lui-même. C'est le début de la réconciliation.

D'autres pères décrètent que les enfants d'aujourd'hui sont trop gâtés, exigeants et hypersensibles. Ainsi, dit Jacques, les fils sont si délicats et fragiles qu'on ne peut rien leur dire. Ils sont comme des femmes en syndrome prémenstruel! On voit bien ici comment l'accusation de féminisation du mâle est péjorative et même insultante.

Il y a aussi le père qui, pour vivre sa vie de plaisirs de *baby-boomer* centré sur lui-même, abandonne son fils pendant plusieurs années. De retour auprès de lui, il essaie de compenser pour les dommages causés et n'a pas assez d'une vie pour cela. Il est accablé par les reproches et les plaintes du fils, elles aussi typiques d'un certain courant qui place les pères en accusation constante.

Finalement, l'image du père poule est tournée en dérision par un duo père et fils qui ont l'air si semblables que c'en est comique : bedonnants, l'air débonnaire et béat. Bref, le couple père-fils idéal qui présente une image d'entente parfaite, sans failles. À un moment où le jeu amène tous les protagonistes à mimer le rapport du père au nourrisson, le fils tète son père au grand écœurement des autres. La fin, que je ne dévoilerai pas, n'en sera que plus drôle...

Le film, teinté de dérision et d'ironie, met en scène les impasses et les travers de plusieurs modèles relationnels entre des pères et des fils, ainsi que les demandes des fils envers leurs pères et la difficulté de ces derniers à assumer leur paternité dans ce contexte. Au-delà de cette présentation d'autodérision, on peut tirer aussi une description de différents statuts de la paternité. Aucun personnage n'est vraiment positif et n'a raison ; au contraire, ils sont tous empêtrés dans leurs rôles, ayant du mal à s'en distancier, mais ça ne les rend que plus humains et réalistes, l'inflation mise à part.

On s'y moque plutôt des plaintes des fils, des attitudes rigides et de l'égocentrisme des pères. Les modèles de l'autorité et de la flexibilité sont également ridiculisés, en égratignant au passage les groupes de thérapie entre hommes.

Par ailleurs, dans le film de Sophie Lorain, *Les grandes chaleurs*, on présente un drôle de père. Adultère et menteur, il est incinéré à sa mort, à la suite d'une longue maladie. Il ne semble plus être reconnu comme un père transmettant un héritage symbolique ; au contraire, on dispose de son corps de manière cavalière. La formule est répétée à deux reprises : il faut deux heures et demie pour incinérer un corps et on broie le reste. Réduit en cendres, l'urne se brise et se renverse, éclaboussant à deux reprises le fils. Les cendres sont récupérées dans des sacs d'aspirateur et, finalement, envoyées à la maîtresse clandestine, qui s'en trouve recouverte. De son côté, la veuve tente de se débarrasser de son alliance qui tombe dans le caniveau et, pour couronner le tout, les cartes et les faire-part s'envolent au vent. Il ne reste pas beaucoup de ce père à sa mort, à moins que, justement, il ne devienne presque impossible de s'en débarrasser. On pourrait dire qu'il n'y a pas beaucoup de symbolique dans ce qu'il transmet, mais plutôt un encombrement d'objets hétéroclites.

Qui est le père?

> *L'astronome sait à peu près avec la même certitude si la lune est habitée et qui est son père, mais il sait avec une tout autre certitude qui est sa mère.*
>
> Georg Christoph Lichtenberg[91]

Pour comprendre le rôle du père actuel, commençons par les points de vue historique et juridique.

La paternité est *juridique* et dépend de la *volonté* de l'homme. Sur les plans historique et juridique, le père n'est donc pas nécessairement le *géniteur*. Cette distinction est très importante à souligner.

La première question que se pose le juriste, écrit Delumeau[92], est non pas ce qu'est un père, mais *qui* est le père: «En droit romain, à l'origine, le *pater* est celui qui donne ou la vie ou la mort. [...] Par ce rituel, il appelle véritablement cet enfant à la vie. Ici, le lien biologique est impuissant à faire le père: la paternité biologique n'est

---

91. Cité par Freud, dans Jean-Loup Clément, *Mon père, c'est mon père*, Paris, L'Harmattan, 2006, p. 7.

92. Jean Delumeau et Daniel Roche (1990), *Histoire des pères et de la paternité*, Paris, Larousse, 2000, p. 43.

qu'un fait et non un droit. En d'autres termes, ce lien, s'il existe, est dénué de conséquences juridiques. C'est bien la volonté de l'individu et elle seule qui le constitue père[93].»

De plus, historiquement, «dans l'état matrimonial, le père est l'époux et l'époux est le père[94]». Autrement dit, l'enfant né dans le mariage est réputé être l'enfant du mari; encore une fois, la paternité juridique est dissociée du biologique, elle est donc une *désignation légale*. Cela le place en situation particulière car, d'une certaine manière, le père doit adopter l'enfant[95].

Même si la paternité est volontaire, ce n'est que récemment qu'elle devient un *choix de vie*, avec les changements sociologiques que nous avons décrits précédemment: les divorces et les unions multiples, la baisse du nombre de mariages, les familles monoparentales, la baisse du taux de natalité, sans oublier l'urbanisation et l'individualisation.

L'homme peut décider d'assumer sa paternité, ce que nombre d'entre eux font avec joie; ou de se dérober et de fuir, ce qui est le «choix» d'une minorité, quand même sociologiquement significatif. Nous vivons dans une société où les réseaux sociaux sont quelquefois précaires et l'isolement rend très difficile la parentalité sans autre support familial ou social.

Œdipe, Moïse et le père en psychanalyse

Que peut dire la psychanalyse sur cette question du rapport de l'enfant aux parents?

---

93. Delumeau et Roche, *op. cit.*, p. 44-45.
94. Delumeau et Roche, *op. cit.*, p. 43.
95. Soulignons que la mère aussi doit adopter l'enfant, mais ce n'est quand même pas symétrique avec la désignation du père.

Quand, dans son questionnement sur ses origines, l'enfant comprend que la mère est certaine, mais qu'un doute subsiste sur le père, «alors le roman familial subit une restriction particulière: il se borne à placer haut le père sans plus mettre en doute le fait, désormais irrévocable, que l'enfant descend de la mère[96]», dit Freud.

Ainsi, le lien au père n'est pas biologique ou corporel – contrairement à la mère –, il est idéalisé; sa fonction est *symbolique*. Cette différence entre père et mère est marquante dans la théorie psychanalytique. Dans les liens familiaux qui structurent sa vie psychique, le garçon s'identifie au père et il aime sa mère; c'est le complexe d'Œdipe, comme nous en parlions au chapitre 1. Selon ce mythe de l'Antiquité grecque et la tragédie de Sophocle, Œdipe, sur qui l'oracle faisait peser un destin funeste, devait tuer son père et épouser sa mère. Son père Laïos veut l'éliminer pour éviter que se réalise la prédiction, mais il échoue dans son dessein. Il est important de souligner ici que c'est le père qui, le premier, cherche par le meurtre à se débarrasser de son enfant. Œdipe est abandonné dans la forêt et sauvé, ce qui amène l'accomplissement de son destin tel que prédit.

Freud en a tiré le concept d'un complexe universel, une «construction de processus inconscients[97]», selon lequel le garçon qui aime sa mère cherche à la garder pour lui tout seul. Son désir de tuer le père et le refoulement qui s'ensuit constituent la limite qui se met en place et bloque le désir incestueux; cet interdit le structure. La peur du père, son amour pour lui, comme nous l'avons vu avec le Petit Hans, l'empêchent d'aller plus loin dans son fantasme de toute-puissance. Il est prêt maintenant à accepter la loi telle que

---

96. Sigmund Freud, «Le roman familial des névrosés» (1909), dans *Névrose, psychose et perversion*, Paris, PUF, 1973, p. 157.

97. Selon Michel Tort, *Fin du dogme paternel*, Paris, Aubier, 2005, p. 87.

prescrite par le père et à reporter son désir. Un jour, quand il sera grand, il pourra lui aussi aimer une autre femme que sa mère. Ce qui est structurant dans le complexe d'Œdipe, c'est d'en sortir, dit Jacques André[98].

Freud expose, dans *Totem et tabou* et *L'homme Moïse et la religion monothéiste*, une théorie qui fait du meurtre symbolique du père la base de la socialisation et de la démocratie.

Selon le mythe relaté dans *Totem et tabou*[99], le père tyrannique de la horde primitive, qui monopolise toutes les femmes, fait l'objet d'un complot. Les fils s'allient entre eux et le tuent, puis le mangent. Pris de remords, ils fondent une société fondée sur l'interdit du meurtre, de l'inceste et du cannibalisme. Dans *L'homme Moïse et la religion monothéiste*, Freud relate un autre mythe selon lequel Moïse est une figure double : un Moïse égyptien que les Juifs ont tué, et un autre qui lui a succédé au moment de l'Exil, qui est celui qu'on connaît. Selon Freud, la société est basée sur le meurtre du père. L'instauration de la loi, la civilisation et la démocratie succèdent à ce meurtre symbolique.

Enfin, pour Jacques Lacan, il y a trois registres pour comprendre le père. Le père est *symbolique* par la transmission de son nom et de son autorité ; le père *imaginaire* est le produit des projections de l'enfant qui lui attribue toutes sortes de fonctions et de sentiments, par exemple la colère et la sévérité, mais aussi l'amour et l'attirance sexuelle pour la mère ; le père *réel* est celui de la réalité, celui qui assume ou fuit, qui s'amuse ou souffre, qui s'occupe de l'enfant ou garde ses distances. Ces trois dimensions sont complémentaires et structurantes.

---

98. Selon Michel Tort, *op. cit.*
99. Voir à ce sujet le deuxième chapitre.

Il n'est pas nécessaire qu'il y ait un père physiquement présent ni même vivant pour que la fonction paternelle (et symbolique) s'exerce. La *mère* joue un rôle très important à cet égard. C'est elle qui relaie la voix du père en lui laissant cette place, faute de quoi cette fonction ne peut pas s'exercer normalement. L'importance de la parole de la mère dans ce relais est donc cruciale, car elle contribue à séparer le fils de la mère. C'est la place de tiers qui est fondamentale dans cette fonction parce que la situation à deux est impossible sans un troisième terme.

Le malentendu entre les deux parents les amène jusqu'à effacer l'autre. L'exclusion de la mère pourrait expliquer le manque dans la relation père-fils. Cela pourrait éclairer les difficultés des pères qui cherchent à exercer leurs droits dans le conflit avec la mère ; en effet, comment être parent, père ou mère d'ailleurs, seul ? Être parent est un tango qui se danse à deux...

Les mères au Québec

Si le père est nécessaire au fils pour se séparer de la mère, cette dernière joue un rôle certain dans la place qu'elle lui laisse pour exercer cette fonction.

Au Québec, l'idée que la société est matriarcale et non patriarcale domine. Pourtant, il n'y a pas de doute que le pouvoir politique, économique et social se trouve du côté des hommes, donc la société est patriarcale. Cela fait partie des paradoxes soulignés dans l'introduction. Pourtant, cette idée du pouvoir des mères est tenace. Elle doit avoir ses racines dans l'histoire du Québec.

Pour y répondre, je me reporte à l'essai de Renée Dandurand[100] ; voici comment elle répond à cette question à partir d'un essai de

---

100. Renée Dandurand, *op. cit.*

Gagnon et Moreux sur la littérature au Québec dans les années 1960 : « Avec toutes les nuances qui viennent d'être apportées, peut-on considérer plausible ce "matriarcat" observé par Gagnon et Moreux dans les années 1960 ? Il est assez clair qu'on ne peut désigner comme un matriarcat cette prépondérance exclusivement domestique des mères, sur les plans intellectuel, moral et parfois économique. Pour éviter toute ambiguïté, *il vaudrait beaucoup mieux parler de matricentrisme* et prendre bien soin de préciser que non seulement ce terme s'applique uniquement à la sphère domestique, mais qu'il n'a sans doute pas le même profil selon les milieux sociaux[101]. »

Le pouvoir des femmes serait important au Québec, avec les restrictions mentionnées. Il s'applique plutôt dans la sphère privée, domestique et il est différent selon les classes sociales. Mais ce matricentrisme dans la famille aurait une certaine réalité et un poids dans l'histoire du Québec. On ne sait pas d'où vient ce pouvoir des mères, mais il semble réel ; il est antérieur au féminisme des années 1970. Les représentations de tout un chacun le confirment et le consolident.

De plus, la société moderne a renforcé le lien entre la mère et l'enfant et rend le rapport du père à l'enfant plus marginal[102].

---

101. Elle ajoute : « De plus, il faudrait expliquer comment il se fait que, dans la décennie 1950, notamment dans les familles de milieu urbain, Philippe Garigue atteste de "l'autorité dominante [...] de l'homme" (1962, p. 35), comment il se fait qu'au début des années 1970 à Montréal, l'enquête de Lamarche, Rioux et Sévigny ne semble guère mettre en doute l'autorité des hommes dans la sphère domestique, et ce, dans tous les milieux sociaux (1973, p. 619-621) ? »

102. Christine Castelain-Meunier, *La paternité*, Paris, Que sais-je ?, PUF, 1997, p. 121.

Le père *et* la mère

*Le remplacement de la puissance paternelle par l'autorité
parentale et la plus grande possibilité de décider en matière
de procréation placent l'homme et la femme
devant de nouvelles responsabilités, de nouvelles difficultés,
de nouvelles angoisses, de nouveaux écueils.*

Christine Castelain-Meunier

Hommes et femmes se trouvent dans une situation inédite, un monde nouveau, pour élever leurs enfants. Pourtant, il est nécessaire de trouver de nouveaux repères et de continuer à cheminer ensemble dans cette aventure. Plusieurs y arrivent très bien, avec créativité et bonne humeur, d'autres avancent avec plus de difficulté. De plus, il y a plusieurs manières et modèles pour les parents : l'ancien, plusieurs versions du nouveau et beaucoup de façons de procéder en les mélangeant. L'essentiel, c'est de souligner combien l'association des deux parents est nécessaire. Le garçon aime sa mère et s'identifie au père, ces deux relations sont simultanées et il ne faut pas l'oublier. L'important, c'est le père *et* la mère ; il ne faut oublier ni l'un ni l'autre[103].

Il est nécessaire de tuer le père symboliquement, c'est-à-dire de pouvoir s'opposer à lui et de se séparer de la mère. Peut-être que le film de Xavier Dolan, *J'ai tué ma mère*, indique que cette distance avec elle a été rendue impossible, qu'il n'y avait pas assez de tiers entre eux, d'où l'obligation de la tuer, sur le plan imaginaire bien sûr.

Le père se trouve en lieu et place porteur de la loi. En particulier, il impose l'interdit de l'inceste au fils. Toutefois, il est impor-

---

103. François Villa, «L'oubli du père: un désir de rester éternellement fils», dans Jacques André et Catherine Chabert, *L'oubli du père*, Paris, PUF, 2004, p. 121-146.

tant de souligner qu'il ne peut pas le faire tout seul. C'est la société qui, normalement, l'institue à cette place; or, si la place de père symbolique n'est plus portée par la société, il lui est plus difficile de l'assumer seul. Il faudrait qu'au moins son entourage – conjointe, mère de l'enfant, famille et amis – le soutienne dans cette opération.

Pour conclure

Pour que le père soit père, il faut qu'il soit d'abord un homme. Le masculin doit être assuré et soutenu, faute de quoi le père est effectivement sinon absent, du moins défaillant à sa fonction paternelle. De plus, cette identité masculine est en reconstruction. S'il est trop macho, il est rejeté; s'il n'est pas assez viril, on le critique du fait qu'il ne s'assume pas. Trouver le bon équilibre dépend à la fois de la manière de chaque homme d'accepter sa masculinité et de l'interaction qu'il a avec son entourage, à commencer par les femmes qu'il aime.

Voici comment se résument la situation et les images du père d'aujourd'hui.

- La puissance paternelle a laissé la place à l'autorité parentale; les portraits de famille ont changé de façon variable selon les pays, mais cette mutation a des effets partout depuis les années 1970.

- Au Québec, la situation familiale est un peu particulière; les changements ont commencé plus tard, mais ils sont arrivés vite et sont plus radicaux.

- Beaucoup d'hommes prennent leur place de père avec plaisir, dans le partage avec la mère, y compris en cas de séparation du couple parental.

- Les appeler papa-poules n'est pas très gentil et c'est inutilement péjoratif!

- Beaucoup de familles vivent plutôt selon le modèle classique.

- Le père *absent* est une manière de parler de plusieurs manques en même temps. Elle est aussi une accusation et une plainte des fils et a été largement présentée dans les médias.

- Il arrive que le père *manque* en effet à sa fonction, dans la mesure où la société lui permet, paradoxalement, cette fuite.

- Certains pères sont même totalement absents à leurs enfants.

- La fonction paternelle est *symbolique* et *structurante*. Elle est différente de la relation maternelle, selon la psychanalyse.

- La fonction paternelle ne peut pas s'exercer sans la médiation de la mère.

- Le pouvoir des mères au Québec est important, quoique cette réputation soit peut-être un peu exagérée.

- Les hommes et les femmes vivent leurs relations et la parentalité selon des normes qui impliquent des difficultés particulières et nouvelles. Toutefois, cela stimule leur créativité, et généralement les gens heureux n'ont pas d'histoire. Cela ne veut pas dire qu'ils n'ont pas de difficulté à gérer la vie de couple, de parents et le travail dans un partage plutôt égalitaire.

- La masculinité et la paternité sont en période de transition et cela provoque certaines souffrances et des conflits.

- On peut espérer que la prochaine génération affrontera plus sereinement ce nouveau mode de vie tout en intégrant ce qu'il leur faut de tradition.

Conclusion

Dans ce livre, les représentations des hommes comme fils, frères, amis, amants, conjoints et pères ont été analysées à travers des personnages de la mythologie, de la Bible, de la littérature, du cinéma et du monde politique.

Au terme de cette démarche, je reprendrai d'abord certaines questions abordées ici, je jetterai un éclairage sur les difficultés actuelles du masculin et je formulerai quelques réponses.

Pourquoi les hommes ont peur des femmes[104] : l'énigme du féminin

> *Ce qui laisse à penser que si les hommes ont peur des femmes et que peut-être ils les envient, en tout cas ils les dominent, toujours en se donnant de bonnes raisons mais sans trop savoir pourquoi. Ils croient le savoir un peu, ils l'avouent parfois, ils le nient presque toujours. En fait, les hommes ont peur des femmes parce qu'ils ne savent pas vraiment pourquoi ils en ont peur.*
>
> Jean Cournut

Selon Jean Cournut, les hommes ont peur des femmes, c'est la raison pour laquelle ils les ont toujours dominées. «Les hommes ont

---

104. Jean Cournut, *Pourquoi les hommes ont peur des femmes*, Paris, PUF, 2001, p. 285.

peur des femmes parce qu'elles incarnent, pensent-ils, *la sexualité animale, sauvage* [...], et *la mort* (mais aussi la vie et les "vraies" valeurs) , [...] parce qu'ils ont peur de ne pas pouvoir les satisfaire (et qu'elles se vengent) [...] parce que, pensent-ils, elles sont *diaboliques* [...], qu'elles sont elles-mêmes un secret [...], que lorsqu'elles jouissent ils ont l'impression que ça ne va *jamais s'arrêter* [...], qu'ils ont peur qu'elles ne soient *pas fidèles* [...], qu'ils ne sont jamais parfaitement certains de leur paternité [...], qu'ils pensent qu'elles ont *envie de leur pénis*[105]. »

Ici, Jean Cournut déploie les représentations que les hommes se font des femmes en les ponctuant de ce « pensent-ils » qui insiste sur l'aspect imaginaire et fantasmatique.

Les hommes cherchent à dominer les femmes à cause de ce qui, en elles, les trouble et les inquiète. Elles sont une énigme ; diaboliques, secrètes, ils ont peur qu'elles soient infidèles à cause de leur sexualité animale, qu'ils ne pensent pas tout à fait pouvoir satisfaire ; c'est l'énigme du féminin qui attire et angoisse les hommes.

Dans certains pays, ils les enferment ; ils craignent toujours qu'elles ne leur échappent. Dans des populations des banlieues défavorisées des grandes villes françaises, on voit revenir la violence contre les femmes. Les filles s'en sortent quelquefois mieux sur les plans scolaire et professionnel, et les garçons sont bloqués par une société pas assez ouverte aux différences, où le chômage est trop élevé. La difficulté de sortir du ghetto des banlieues crée un décalage parfois important avec les filles ; elle ramène les garçons vers une identité plus traditionnelle et défensive. Le changement et le choc des cultures créent un choc, les stéréotypes du macho s'opposent aux nouvelles possibilités offertes aux filles. Fadela Amara[106]

---

105. Jean Cournut, *op. cit.*, p. 7-22 (l'italique est de moi).
106. Fadela Amara, *Ni putes ni soumises*, Paris, La découverte, 2003.

parle de la peur des filles face à leurs pères et à leurs frères ainsi que du retour de la virginité, sous l'œil protecteur de ces derniers. C'est le signe alarmant d'une régression et d'un repli fondés sur la domination et l'enfermement des filles.

Il faut espérer que les garçons laisseront leurs sœurs tranquilles et que la société leur offrira plus d'ouverture et de possibilités d'intégration, d'éducation et de travail.

Au Québec, la transition vers l'égalité se passe généralement mieux, mais on constate cette crispation dans certains milieux plus vulnérables, par exemple à l'adolescence. La violence contre les femmes n'a pas vraiment disparu et l'homophobie demeure un symptôme très alarmant du recours à cette identité «virile» défensive dans le rejet du féminin et de la différence jusqu'à la violence. Ajoutons aux propos de Jean Cournut au sujet de la peur des femmes : les hommes ont peur du féminin en eux-mêmes et chez les autres hommes.

Cependant, dans l'ensemble, le changement est bien là. L'égalité est plus proche qu'auparavant, les hommes et les femmes profitent dans l'ensemble de l'ouverture créée pour chacun et des libertés nouvelles. Les choix de la jeunesse ne sont plus un destin, on peut «refaire sa vie» – retourner aux études à l'âge adulte, changer de métier et de conjoint – bien plus que dans le passé.

La crise du masculin

> *Dans une société organisée autour de la suprématie des hommes, sur les femmes, l'égalité fait peur. Au point parfois de provoquer un désir violent de retour en arrière, au temps où les hommes pouvaient exiger et exister sans se poser des questions.*
>
> Serge Hefez

Serge Hefez souligne ce désir violent de revenir en arrière, par peur de l'égalité. Selon Mélissa Fortin et Francis Dupuis-Déri, le mouvement masculiniste au Québec exploite la frustration de certains hommes pour monter en épingle certains écueils dans le parcours des garçons et des hommes et susciter une hostilité contre les femmes[107]. Ces difficultés concernent en particulier les problèmes scolaires des garçons, la revendication des pères en matière de garde d'enfants et le suicide des jeunes hommes. Elles sont certes préoccupantes, comme les échecs scolaires d'un trop grand nombre de garçons, mais ce n'est pas nécessairement par cet alarmisme qu'elles seront confrontées et résolues. Les traditions en matière de garde d'enfants sont en évolution, même si la société et la justice ne reconnaissent pas toujours suffisamment la capacité des pères à assumer leur rôle. Enfin, heureusement, les dernières statistiques du suicide indiquent une baisse significative de son occurrence chez toutes les couches de la population.

Quant à l'antagonisme envers les femmes, il n'est malheureusement pas absent de la scène publique, en particulier en politique, mais il semble relativement contenu.

Il reste que si le changement est bien perceptible, qu'un grand nombre d'hommes s'arrangent plutôt bien quant aux rapports modernes avec les femmes et qu'ils font preuve de rectitude politique à cet égard, beaucoup d'entre eux se reconnaissent dans cette notion de crise, du masculin en difficulté. Sur un plan informel, ils se rallient à une cause qui les rassemble fraternellement, avec ce que cela suppose d'amitié, de rivalité, de solidarité et de recherche identitaire.

Les revendications ne sont pas toujours réactionnelles. Des hommes d'aujourd'hui ne se retranchent plus nécessairement der-

---

107. Mélissa Fortin et Francis Dupuis-Déri, *Le mouvement masculiniste au Québec. L'antiféminisme démasqué*, Montréal, Éditions du Remue-Ménage, 2008.

rière le désir de revenir en arrière. La série *Les Invincibles* et les films mentionnés dans ce livre, qui se jouent de ces nouveaux stéréotypes, en témoignent. Une nouvelle identité masculine se dessine, plus assurée et adaptée aux changements qui, d'ailleurs, sont très variables selon les individus et les couples.

Un monde nouveau : « les pieds dans le vide[108] » ?

Au Québec, le patriarcat est affaibli et le pouvoir ne repose plus sur les mêmes mécanismes. Le masculin ne peut plus s'en prévaloir aussi simplement, il relève davantage du particulier. C'est l'individu qui cherche à s'épanouir, alors qu'auparavant la famille représentait une institution dont le rôle était de relayer les valeurs et les modalités relationnelles privilégiées par la société et par l'Église.

Maintenant que les femmes occupent une place sociale plus établie et qu'ils peuvent moins les contrôler, les hommes essaient de s'adapter à ce rapport nouveau mais stimulant. Alors, ils s'inquiètent du *féminin en eux*[109] et se retranchent parfois derrière une identité plus stéréotypée. Ils sont d'une certaine manière pris dans un *dilemme identitaire*. Ils doivent inventer une nouvelle manière de vivre, différente de celles de leurs pères et grands-pères. Cela les amène à se penser fautifs s'ils sont trop masculins et en échec s'ils sont trop féminins. Ils sont à leur tour en quête d'une identité nouvelle. Ils accusent leurs pères, leur reprochent d'être *absents* et, ce faisant, se placent quelquefois en situation de victimes à la fois vis-à-vis des pères et des femmes. Avec cette nostalgie du monde

---

108. J'emprunte cette belle expression, qui me paraît représentative de ce mouvement identitaire du masculin, au titre du film de Mariloup Wolfe, *op. cit.*

109. Marie Hazan, *Y a-t-il une condition masculine?, op. cit.*

d'autrefois, qui présente les changements comme un déclin, on semble oublier combien les familles pouvaient être oppressantes et aliénantes.

Cette mutation suscite quelquefois des effets surprenants et indésirables. La publicité de Bell Québec, sous ses différentes versions, omniprésente à la télévision durant l'été 2009, montre des hommes *incapables* d'installer correctement une simple étagère et des femmes qui se moquent ouvertement d'eux. Seul Bell peut répondre à leur demande, selon ces sketchs, illustration d'un dénigrement non seulement des hommes, mais aussi des femmes. Les stéréotypes sociaux sont donc parfois mobilisés contre les hommes, représentés comme faibles et impuissants.

Il reste que les représentations de la virilité plus traditionnelle s'opposent à celles du masculin plus actuel. Il n'est pas facile de trouver une modalité pour tricoter un mode de vie et de relation. Ces nouvelles manières de vivre la sexualité et les rapports avec les femmes sont encore à construire ; elles relèvent bien souvent de l'inconscient et des identifications précoces aux deux parents, donc à travers la *bisexualité psychique*, au masculin et au féminin, ce qui rend la confusion plus grande. Alors, les hommes se retrouvent quelquefois désemparés, sans repères clairs, « les pieds dans le vide ».

***

Pour finir, voici quelques éléments qui, pour le couple et la famille, découlent de la situation des hommes d'aujourd'hui.

- Les *différences* entre les hommes et les femmes sont difficiles à penser en dehors des stéréotypes des rôles traditionnels.
- Une *confusion* s'ensuit, d'où les paradoxes relevés en introduction.
- Les différences sont aussi quelquefois niées et les couples *n'ont pas assez d'extériorité ni de tiers.*

- La société ne propose plus aussi clairement *une place symbolique pour le père.*

- Les pères ont besoin de *l'appui* des autres pour se faire reconnaître comme tels, et cela inclut leurs enfants.

- *L'autorité* est donc plus difficile à exercer et représente un défi pour les parents.

- La relation dans le couple est souvent de type *fraternel,* tel que défini dans le deuxième chapitre. Elle est fusionnelle et idéalisée ; la question de l'identité y est cruciale, dans une rivalité qui peut dégénérer dans la violence.

- *La compétition entre les sexes* est un problème qui resurgit fortement de nos jours.

- Certains couples vivent leurs relations de manière plus traditionnelle, les autres allient de diverses manières *la tradition et la nouveauté.*

- La famille, mais surtout les *nouveaux réseaux sociaux* peuvent aider à sortir de ces impasses.

- L'importance de *l'amitié* constitue une solution de rechange à la famille élargie d'antan et allège la tâche des parents, en particulier en cas de séparation du couple.

La situation des hommes d'aujourd'hui est-elle meilleure ou pire que celle de leurs pères ? Les choses ont-elles vraiment tant changé ? À leur détriment ?

Les choses ont changé, c'est sûr, pas toujours pour le mieux en ce qui concerne l'isolement et le manque de repères. Toutefois, les possibilités pour les hommes de sortir du carcan d'une identité unique et rigide offrent bien plus d'ouverture. Cette dernière leur permet d'être des hommes et des pères plus à l'écoute d'eux-mêmes et des autres.

Si les femmes sont plus représentées sur le plan social, le pouvoir est encore détenu par les hommes sur le plan politique ainsi que dans les grandes entreprises.

Les hommes vivent toutes sortes de situations différentes. Beaucoup d'entre eux s'identifient à une fraternité avec des problèmes spécifiques et cela semble les soutenir.

Depuis la nuit des temps, l'amitié est très importante pour les hommes. Actuellement, les relations nouées en groupe ou de façon individuelle avec d'autres hommes et des femmes ainsi qu'avec leurs conjointes prennent une place importante. Serait-ce pour atténuer les effets de la passion devenue nécessaire au couple?

Le monde est plus éclaté et les pères, comme les repères, plus difficiles à installer!

L'ancien modèle du mâle dominant, prétendument sans failles ni sentiments, n'est plus le seul en vigueur, mais il existe encore! Dans cette période de transition, le masculin et le paternel ont besoin d'être soutenus et validés dans les relations privées, d'autant plus qu'ils le sont moins clairement sur les plans social et symbolique.

Les hommes d'aujourd'hui ont le choix – et j'inclus ici les choix conscients et inconscients – de vivre de plusieurs manières différentes leur masculinité et leur sexualité.

Bibliographie

Alberoni, Francesco. *L'amitié*, Paris, Pocket, 1995.

Amara, Fadela. *Ni putes ni soumises*, Paris, La Découverte, 2003.

Badinter, Elisabeth. *XY: De l'identité masculine*, Paris, Odile Jacob, 1986.

Benslama, Fathi et Tazi, Nadia. *La virilité en Islam*, Paris, L'Aube Poche, 2004.

Blais, Mélisssa et Dupuis-Déri, Francis. *Le mouvement masculiniste au Québec. L'antiféminisme démasqué*, Montréal, Éditions du Remue-Ménage, 2008.

Bourdieu, Pierre. *La domination masculine*, Paris, Seuil, 1998.

Brun, Danielle. *La passion dans l'amitié*, Paris, Odile Jacob, 2005.

Castelain-Meunier, Christine. *La métamorphose du masculin*, Paris, PUF, 2005.

Castelain-Meunier, Christine. *La paternité*, Paris, coll. Que sais-je?, PUF, 1997.

Chebel d'Appollonia, Ariane. *Histoire politique des intellectuels en France (1944-1954)*, Bruxelles, Éditions Complexe, 1991.

Clément, Jean-Loup. *Mon père, c'est mon père*, Paris, L'Harmattan, 2006.

Cloutier, Richard. *Les vulnérabilités masculines*, Montréal, Éditions de l'Hôpital Sainte-Justine, 2004.

Cohen-Solal, Annie. *Sartre 1905-1980*, Paris, Gallimard, 1985.

Corneau, Guy. *La guérison du cœur. Nos souffrances ont-elles un sens ?*, Montréal, Éditions de l'Homme, 2000.

Corneau, Guy. *Père manquant, fils manqué*, Montréal, Éditions de l'Homme, 1989.

Cournut, Jean. *Pourquoi les hommes ont peur des femmes*, Paris, PUF, 2001.

Dandurand, Renée. *Le mariage en question. Essai sociohistorique*, Montréal, Institut québécois de recherche sur la culture (IQRC), 1988.

David, Christian. *La bisexualité psychique*, Paris, Payot, 1992.

Delaisi de Parseval, Geneviève. *La part du père*, Paris, Seuil, 1981.

Dolto, Françoise. *Au jeu du désir*, Paris, Seuil, 1981.

Dor, Joël. *Le père et sa fonction en psychanalyse*, Paris, Point (hors ligne), 1989.

Falconnet, Georges et Lefaucheur, Nadine. *La fabrication des mâles*, Paris, Seuil, 1977.

Fontenay, Hervé (de). *La certitude d'être mâle*, Montréal, Jean Basile éditeur, 1980.

Freud, Sigmund. *Cinq psychanalyses*, Paris, PUF, 1954.

Freud, Sigmund. *L'homme Moïse et la religion monothéiste*, Paris, Gallimard, 1986.

Freud, Sigmund (1907-1931). *La vie sexuelle*, Paris, PUF, 1967.

Freud, Sigmund. *Lettres de Sigmund Freud à Wilhelm Fliess*, Paris, PUF, 2006.

Freud, Sigmund. *Totem et tabou*, Paris, Petite bibliothèque Payot, 1977.

Freud, Sigmund. *Trois essais sur la théorie sexuelle*, Paris, Gallimard, 1987.

Grenier, Louise. *Filles sans père. L'attente du père dans l'imaginaire féminin*, Outremont, Éditions Quebecor, 2004.

Hazan, Marie. «Ce qu'on ne peut pas dire, on ne peut le taire», dans Marc-Alain Wolf et Éric Clément, *Le Québec sur le divan*, Montréal, Éditions Voix parallèles, 2008, p. 99-120.

Hazan, Marie. «Paradoxes et implicite dans le discours de *Marie-Claire* et *Elle*», *Langage et Société*, Paris, juin 1989, p. 59-78.

Hazan, Marie. «Y a-t-il une condition masculine?», *Dialogue*, n° 183, janvier 2009.

Hazan, Marie et Mercier, Katia. «Fille ou garçon?» et «La féminité entre maternité et bisexualité», *Filigrane 1 et 2*, 1992 et 1993.

Héritier, Françoise. *Masculin/féminin. La pensée de la différence*, Paris, Odile Jacob, 1996.

Houel, Annik. *L'adultère au féminin et son roman*, Paris, Armand Colin, 1999.

Kaës, René. *Le complexe fraternel*, Paris, Dunod, 2008.

Lacan Jacques. «Les complexes familiaux», dans *Encyclopédie française, vol. VIII, La vie mentale*, Paris, Navarin, 1970.

Laplanche, Jean et Pontalis, J.-B. *Dictionnaire de la psychanalyse*, Paris, PUF, 1967.

Lebrun, Jean-Pierre. «Une nouvelle chance pour le père?», *Filigrane*, vol. 11, n° 1, 2002, p. 50-65.

Leclaire, Serge. *On tue un enfant*, Paris, Seuil, 1975.

Lemaire, Jean. *Le couple, sa vie, sa mort*, Paris, Payot, 1980.

«Le masculin», *Revue française de psychanalyse*, tome LXII, 1998.

Leroux, Georges. «Sang commun, sang fraternel. L'espace d'Antigone et les apories de la différence», dans Louise Grenier et Suzanne Tremblay, *Le projet d'Antigone*, Montréal, Liber, 2005.

Mannoni, Octave. *Freud*, Paris, coll. Écrivains de toujours, Seuil, 1977.

Mauge, Annelise. *L'identité masculine en crise au tournant du siècle*, Paris, Petite bibliothèque Payot, 2001.

Melman, Charles. *À propos de l'inceste*, site Web de l'Association lacanienne internationale (ALI), www.freud-lacan.com, 9 mars 2005.

Ouimet, Michèle. «Le silence coupable», *La Presse*, Montréal, le 22 juin 2009.

Pasini, Willy. *Des hommes à aimer*, Paris, Odile Jacob, 2007.

Puskas, Daniel. *Amours clouées*, Montréal, Sciences et Culture, 2002.

Rauch, André. *L'identité masculine à l'ombre des femmes. De la Grande Guerre à la Gay Pride*, Paris, Hachette, 2004.

Rougemont, Denis (de). *L'amour et l'Occident*, édition révisée, Paris, Plon, 1972.

Sauvé, Mathieu-Robert. *Échecs et mâles. Les modèles masculins au Québec, du marquis de Montcalm à Jacques Parizeau*, Montréal, Les Intouchables, 2005.

Schneider, Michel. *La confusion des sexes*, Paris, Flammarion, 2007.

Schneider, Monique. *Généalogies du masculin*, Paris, Champs Flammarion, 2006.

Tillon, Germaine. *Le harem et les cousins*, Paris, Seuil, 1966.

Tisseron, Serge. *Tintin chez le psychanalyste*, Paris, Aubier Montaigne, 1985.

Tort, Michel. *Fin du dogme paternel*, Paris, Aubier, 2005.

Villa, François. «L'oubli du père : un désir de rester éternellement fils», dans Jacques André et Catherine Chabert, *L'oubli du père*, Paris, PUF, 2004, p. 121-146.

Volant, Éric. *Encyclopédie sur la mort*, site Internet et Éditions Liber, 2003.

Welzer-Lang, Daniel. *Les hommes et le masculin*, Paris, Petite bibliothèque Payot, 2008.

Romans

Duras, Marguerite. *L'amant*, Paris, Éditions de Minuit, 1984.

Flaubert, Gustave. *Madame Bovary et les mœurs de province*, Paris, Folio classique, 2001.

Grimbert, Philippe. *Un secret*, Paris, Grasset, 2004.

Halimi, Gisèle. *Fritna*, Paris, Plon, 1999.

Huston, Nancy. *Lignes de faille*, Paris, Actes Sud, 2006.

Sartre, Jean-Paul. *Les mots*, Paris, Gallimard, 1964.

Films

Coen, Joel et Ethan. *No Country for Old Men (Non, ce pays n'est pas pour le vieil homme)*, 2007; *Burn After Reading (Lire et détruire)*, 2008.

Dolan, Xavier. *J'ai tué ma mère*, 2009.

Fougeron, Martial. *Mon fils à moi*, 2007.

Frears, Stephen. *The Queen* (*Sa Majesté la Reine*), 2006.

Gaudreault, Émile. *De père en flic*, 2009.

Létourneau, François et Rivard, Jean-François. *Les Invincibles*, télévision de Radio-Canada, 2005-2009.

Lorain, Sophie. *Les grandes chaleurs*, 2009.

Shyer, Charles. *Alfie*, 2004.

Trogi, Ricardo. *Québec-Montréal*, 2002.

Trogi, Ricardo. *Horloge biologique*, 2005.

Wolfe, Mariloup. *Les pieds dans le vide*, 2009.

Chansons

Barbara. *Mes hommes.*

Brassens, Georges. *Les copains d'abord.*

Brel, Jacques. *Ne me quitte pas.*

Cohen, Leonard. *I'm your Man.*

Claris de Florian, Jean-Pierre. *Plaisir d'amour.*

Autres

Émission de Christiane Charette, à la radio de Radio-Canada, interview avec Les Invincibles, 8 janvier 2007.

Table des matières

Achevé d'imprimer au Canada
sur papier Enviro 100% recyclé
sur les presses de Imprimerie Lebonfon Inc.

certifié   procédé   100% post-   archives   énergie
    sans   consommation   permanentes   biogaz
    chlore